Kohlhammer

Zeitpunkte der Geschichte

Peter Bilhöfer

26. April 1986: Tschernobyl

Folgen einer Katastrophe

Verlag W. Kohlhammer

Umschlagbild: Ein Symbol der Reaktorkatastrophe von Tschernobyl: Das Riesenrad im Pripjater Vergnügungspark, das eigentlich am 1. Mai 1986 seinen Betrieb aufnehmen sollte (Wikimedia Commons, Justin Stahlman, CC BY 2.0).

1. Auflage 2021

Alle Rechte vorbehalten
© W. Kohlhammer GmbH, Stuttgart
Gesamtherstellung: W. Kohlhammer GmbH, Stuttgart

Print:
ISBN 978-3-17-034347-4

E-Book-Formate:
pdf: ISBN 978-3-17-034348-1
epub: ISBN 978-3-17-034349-8
mobi: ISBN 978-3-17-034350-4

Für den Inhalt abgedruckter oder verlinkter Websites ist ausschließlich der jeweilige Betreiber verantwortlich. Die W. Kohlhammer GmbH hat keinen Einfluss auf die verknüpften Seiten und übernimmt hierfür keinerlei Haftung.

Inhaltsverzeichnis

Einleitung

Der Gedanke zu diesem Buch entstand im Laufe mehrerer Semester an der Pädagogischen Hochschule Karlsruhe. Wenn in Lehrveranstaltungen das Thema Tschernobyl angesprochen wurde, zeigten die Reaktionen, dass über drei Jahrzehnte nach den Ereignissen nicht nur viele unbeantwortete Fragen weiterhin Diskussionsstoff boten, sondern sich auch neue Fragen stellten. Bei der historischen Einordnung des Geschehens fiel zudem die scheinbare Anhäufung technik- und umwelthistorischer Ereignisse im Jahre 1986, wie u. a. die Explosion der US-Raumfähre »Challenger« oder der Großbrand von Schweizerhalle, auf. Obwohl es sich dabei eher um eine zufällige Aneinanderreihung verschiedener Vorfälle mit unterschiedlichen Ursachen innerhalb eines Jahres handelte, können deren Wahrnehmung und Folgen aus historischer Perspektive durchaus als Ganzes betrachtet werden.

Wie ungebrochen das Interesse an Ursache, Verlauf und Folgen der Reaktorkatastrophe von Tschernobyl ist, zeigt nicht nur das Echo auf die beiden in den letzten Monaten erschienenen Monographien von Sergej Plokhy *Chernobyl- History of a tragedy* und Adam Higginbotham *Midnight in Chernobyl* sondern vor allem der Erfolg der fünfteiligen HBO-Serie *Chernobyl*. Trotz einiger genrebedingten Überzeichnungen und historischer Abweichungen erhielt »Chernobyl« hervorragenden Kritiken, ja wird je – nach Sichtweise – sogar als »beste Serie der Welt« bezeichnet.[1]

So zahlreich die Publikationen zu den eigentlichen Vorgängen in Tschernobyl sind, so überschaubar ist die Literatur zu den Folgen und Reaktionen in der Bundesrepublik Deutschland sowie der Deutschen Demokratischen Republik.[2] Lediglich von der Historikerin Melanie Arndt liegt bisher eine gelungene Gesamtdarstellung zu den Geschehnissen in beiden deutschen Staaten aus dem Jahre 2011 vor. In Ihrer 2019 vorgelegten Habilitation *Tschernobylkinder. Die transnationale Geschichte einer nuklearen Katastrophe* beschäftigt sich Arndt zudem mit der enormen internationalen und sozialen Tragweite der Folgen des Reaktorunglücks.

Franz-Josef Brüggemeier bleibt in seinem 1998 erschienenen Buch *Tschernobyl, 26. April 1986. Die ökologische Herausforderung* thematisch hinter den Erwartungen des Titels zurück, gibt aber zumindest eine für den damaligen Kenntnisstand beachtliche Einschätzung der historischen Dimensionen des Reaktorunglücks. Zu den Ereignissen in der Bundesrepublik lieferte der ehemalige Staatssekretär Paul Laufs eine gute Zusammenfassung mit Kenntnissen aus erster Hand. Neben vielen Kurzreportagen zumeist von ARD-Regionalsendern ist es vor allem die ZDF-info-Dokumentation *Tschernobyl '86: Deutschland und der GAU*, die sich mit den Folgen von Tschernobyl in beiden deutschen Staaten befasst.[3]

Völlig anders gelagert als in der Bundesrepublik verlief hingegen der politische Diskurs in der Deutschen Demokratischen Republik, was sich auch in einer recht unterschiedlichen Quellenlage niederschlug. Hier leistete die Gießener Historikerin Dorothée de Nève 1995 regelrechte »Pionierarbeit«, die inzwischen durch die Publikationen von Sebastian Stude eine angemessene Fortsetzung findet. Mit der Aufsatzsammlung *Tschernobyl und die DDR: Fakten und Verschleierungen – Auswirkungen bis heute?* existiert eine angemessene Abhandlung für die Ereignisse auf dem Gebiet der ehemaligen DDR, zu der es in dieser Art kein westdeutsches Gegenstück gibt. Neben der Darstellung des Medizinphysikers und Bürgerrechtlers Sebastian Pflugbeil verdient dabei vor allem der Beitrag des Hygienemediziners Bernd Thriene über die Folgen von Tschernobyl im Bezirk Magdeburg Erwähnung. Ähnliche Studien über eine deutsche Region liegen in der Geschichtswissenschaft nicht vor, Thomas Schattners 172 Seiten umfassende Dokumentation *Die Folgen von Tschernobyl 1986 im Schwalm-Eder-Kreis* ist nach wenigen einleitenden Worten lediglich ein Pressespiegel damaliger Zeitungsartikel. Überhaupt ist das Thema »Tschernobyl« aus regional- und landesgeschichtlicher Sicht ein zu größten Teilen noch unbearbeitetes Gebiet.

So kann und will auch dieses Buch keinen abschließenden und vollständigen Überblick zu den Ereignissen in beiden deutschen Staaten geben, sondern Schlaglichter auf die wichtigsten Geschehnisse in den Tagen, Wochen und Monaten nach dem 26. April 1986 werfen und diese miteinander in Beziehung setzen. Dazu erwies es sich als sinnvoll, auch auf die Entstehungsgeschichte des Unglücksreaktors, des Kraftwerks und der dazugehörigen Siedlung Pripjat sowie den Ablauf des eigentlichen Unfallhergangs näher einzugehen, zumal sich im Zeitalter von Verschwörungstheorien und Meinungsblasen hartnäckig Gerüchte und falsche Legenden über die Ereignisse halten. Ähnliches gilt für die Brandnacht von Schweizerhalle, deren Ursache bis heute ebenfalls Gegenstand wilder Spekulationen ist.

Zehn Infoboxen mit Schlagworten zu den jeweiligen Kapiteln ergänzen den Text und führen über das Thema hinausgehende Aspekte aus. Namen prominenter Politiker und Städte der ehemaligen Sowjetunion werden in der auch in den zeitgenössischen Quellen und Texten geläufigen deutschen Schreibweise wiedergegeben, ebenso wird die infolge des Zerfalls der Sowjetunion einsetzende sprachliche und inhaltliche Umbenennung nur dort thematisiert, wo es für die Einordnung in den historischen Kontext von Relevanz ist.

Frau Prof. Dr. Sabine Liebig und Frau Dr. Brigitte Übel sei für die Aufnahme des Buches in die Reihe *Zeitpunkte der Geschichte* ebenso gedankt, wie dem Kreis von Personen, die mich zu diesem Buch anregten und die mir mit ihren vielen Fragen genügend Stoff, aber auch neue Sichtweisen bei der Niederschrift boten.

Prolog: Fünf Sätze, die die Welt verändern

Es gibt nur wenige historische Ereignisse, die eine derartige große geographische und zeitliche Reichweite besitzen, wie das Reaktorunglück von Tschernobyl. Viele Menschen können sich noch sehr genau an den Moment erinnern, als sie die erste Nachricht von einer »Havarie« in der Sowjetunion vernahmen. Buchstäblich über Nacht wurde der Name einer ukrainischen Kleinstadt zum Inbegriff für die Schrecken des Atomzeitalters. Die Permanenz des Themas u. a. durch die Folgen für Mensch und Natur sowie die immer noch ungelöste Frage der abschließenden Sicherung des Unglücksortes sorgen dafür, dass das Kapitel Tschernobyl nach über drei Jahrzehnten alles andere als abgeschlossen ist.

Während die Menschen in einer global vernetzten Welt dramatische Ereignisse wie die Explosion in den ersten beiden Reaktoren im Dai-ichi-Kraftwerk von Fukushima 2011 oder die Anschläge vom 11. September 2001 nahezu zeitgleich an den Fernsehgeräten und im Internet mitverfolgen konnten, verlief das Bekanntwerden der Nachrichten über das Atomunglück von Tschernobyl im Jahre 1986 in völlig anderen Bahnen.

Das für den Titel des Buches angesetzte Datum 26. April 1986 ist im Grunde als ein symbolisches Datum für die deutsche Geschichte anzusehen – genauer gesagt: Nach mitteleuropäischer Zeit ereignete sich das Unglück in Tschernobyl am späten Freitagabend, dem 25. April um 23:23 Uhr.[1]

Durch die noch nicht vorhandene digitale Vernetzung und im Denken des Kalten Kriegs vergingen fast drei Tage, bis die sowjetischen Stellen die folgenschweren Ereignisse in ihrem Vorzeigekraftwerk nicht länger geheim halten konnten. Erst als skandinavische Messstationen erhöhte Strahlenwerte meldeten und in mehreren Atomanlagen in Nord- und Mitteleuropa die Detektoren Alarm schlugen, sah sich Moskau am 28. April dazu veranlasst, um 21:02 Uhr Ortszeit eine knappe, fünf Sätze umfassende Stellungnahme herauszugeben:

>Im Atomkraftwerk Tschernobyl hat sich ein Unglücksfall ereignet.
Ein Reaktor wurde beschädigt.
Maßnahmen zur Beseitigung der Unfallfolgen werden ergriffen.
Den Geschädigten wird Hilfe geleistet.
Eine Regierungskommission ist gebildet worden.«[2]

Trotz des sehr vagen Inhalts – ein erstes,»bearbeitetes« Bild vom Unfallort zeigte das sowjetische Fernsehen erst am 30. April – platzte die Meldung wie eine Bombe in die Nachrichtenlandschaft und verdrängte alle anderen Themen innerhalb weniger Stunden von der Tagesordnung.

Die Wirkung dieser ersten Verlautbarung der sowjetischen Nachrichtenagentur TASS am Montagabend, dem 28. April 1986 war umso stärker, da sie in der Bundesrepublik in eine recht ereignisarme Zeit zwischen dem einen Monat zurückliegenden Osterfest und den 1. Mai fiel: Während auf internationaler Ebene die Spannungen zwischen den Vereinigten Staaten und Libyen nach dem Bombenanschlag auf die Westberliner Diskothek»La Belle« und der folgenden Vergeltungsaktion der amerikanischen Luftwaffe gegen Tripolis und Bengasi zunahmen, debattierte das politische Bonn über Botschaft, Konzept und künstlerische Ausgestaltung einer in der Bundeshauptstadt geplanten zentralen Mahn- und Gedenkstätte für die Opfer von Krieg und Gewaltherrschaft. Bundeskanzler Helmut Kohl (1930–2017) trat währenddessen seine Asienreise an, die ihn über Indien und Thailand zum Weltwirtschaftsgipfel nach Tokio führen sollte, wo Gespräche über Haushaltsdefizite, Zinssenkung, den Dollarkurs und Terrorismusbekämpfung auf der Tagesordnung standen.[3]

Das Wetter an diesem letzten Aprilwochenende schien sich geradezu der Nachrichtensituation anzupassen. In den meisten Gebieten Deutschlands wollte nach einem langen Winter der Frühling nicht richtig Einzug halten, der Himmel war zumeist bei Temperaturen um die 13 Grad grau und bewölkt. Viele hofften auf eine Wetterbesserung zum 1. Mai und blieben am Wochenende zu Hause.

So waren für die meisten Bundesbürger die »Highlights« des Wochenendes vom 26. und 27. April die Übertragung der Finalrunde der 51. Eishockey-Weltmeisterschaft in Moskau sowie der letzte Spieltag der Fußballbundesliga. Unfreiwillig komisch wirkt im Nachhinein auch das übrige Fernsehprogramm. *Katastrophen ohne Ende* betitelte die »Saarbrücker Zeitung« vom 25. April die Programmvorschau auf das Wochenende, an dem die Zuschauer u. a. die Filme *Erdbeben* (USA 1974) und *Verschollen im Bermuda-Dreieck* (USA 1976) erwartete.

Nach ersten Meldungen am 26. April beherrschte die Geheimdienstaffäre um das »Celler Loch« am Montag, den 28. April, die Schlagzeilen und versprach noch weitere Enthüllungen: Angeblich sollte der niedersächsische Verfassungsschutz im Juli 1978 ohne Wissen der damaligen Bundesregierung einen Bombenanschlag auf die Justizvollzugsanstalt Celle inszeniert haben, um so einen V-Mann in die »Rote Armee Fraktion« einzuschleusen.

Dies war auch der Stand der Dinge bei Beginn der »Tagesschau« in der ARD um 20:00 Uhr. Erst im Laufe der Nachrichtensendung erreichten Mitteilungen aus Moskau die Redaktion. Gegen Ende verlas Nachrichtensprecher Werner Veigel (1928–1995) einen Textauszug aus der TASS-Meldung und ergänzte ihn mit den Worten »Es wird aber nicht gesagt, wann sich das Unglück ereignet hat oder wodurch es verursacht wurde.« Der Ortsname Tschernobyl fiel in dieser Tagesschau noch nicht, stattdessen war von »einem Kernkraftwerk in der Nähe von Kiew« die Rede. Während sich die folgenden Nachrichtensendungen auf die veränderte Informationslage einstellten, fragten sich die meisten Journalisten nach dem Erhalt des genauen Wortlautes der TASS-Meldung, wo dieses »Tschernobyl« genau lag und wie die korrekte Aussprache lautete. Die falsche Betonung auf der letzten Silbe (»Tschernobühl«) hält sich bis heute in der deutschen Sprache.[4]

Auch die späteren Nachrichtensendungen glichen eher dem Deutungsversuch eines Orakels. So sprach Ruprecht Eser (*1943) zu Beginn des »heute-journals« um 21:45 Uhr von einer »sensationellen Nachricht aus Moskau«. Das Wort »sensationell« in diesem eher unerfreulichen Zusammenhang bezog sich freilich darauf, dass die Sowjetunion überhaupt einen Unfall und Schäden zugab. Über den Reaktortyp konnte der zugeschaltete Experte Karl-Heinz Lindackers (1932–2011) zwar keine genaueren Angaben machen. Doch die sehr hohen Strahlenwerte in Skandinavien erlaubten es dem Experten, ein relativ genaues Bild über das Ausmaß des Schadens geben zu können. Der Rest war – gezwungenermaßen – reine Spekulation.[5] Ein ähnliches Bild ergab sich um

22:30 Uhr mit der Ausstrahlung der »Tagesthemen« in der ARD. Auch hier rätselte die Moderatorin Ulrike Wolf (*1944) noch über die möglichen Gründe des Unglücks während eine im Hintergrund gezeigte Landkarte mit der Ausbreitung der Strahlenwolke schon ziemlich genau den Ort des Unglückskraftwerks als Ausgangspunkt identifizierte.

Der nächste Tag zeigte eine völlig andere Nachrichtenlage. Während viele Tageszeitungen vom Zeitpunkt der Nachricht überrumpelt überhaupt nicht berichteten – die »taz« spekulierte fälschlicherweise sogar über einen möglichen Unfall im schwedischen AKW Forsmark – warteten die Fernsehnachrichten mit ersten Archivbildern und Hintergrundinformationen zum Kernkraftwerk Tschernobyl auf. Fortan war Tschernobyl das alles beherrschende Thema. Alle anderen Ereignisse, wie die sich anbahnende Affäre um das »Celler Loch«, die Spannungen mit Libyen oder der Tokioter Weltwirtschaftsgipfel waren nur noch Makulatur.

1 Ein Reaktor, ein Sicherheitstest und die Folgen

Reaktor Bolschoi Moschtschnosti Kanalny (RBMK) bedeutet in der deutschen Übersetzung »Röhrenreaktor mit großer Leistung«. Schon sein »Urahn«, der erste zur zivilen Nutzungen 1954 in Obninsk erbaute Kernreaktor AM-1 verfügte über Druckröhren als zentrales Bauelement. Entgegen den westlichen Gegenstücken befinden sich der Brennstoff und das Kühlmittel dabei nicht in einem großen Behälter, sondern sind einzeln in zahlreichen druckfesten Röhren untergebracht, die parallel in einem Graphitblock sitzen. Dieses maßgeblich auf den Maschinenbauingenieur Nikolai Dollezhal (1899–2000) zurückgehende Design folgte dem Grundgedanken, dass im Falle eines Lecks nicht der gesamte Behälter, sondern nur die betroffene Druckröhre ohne größeren Aufwand ausgetauscht werden musste. Im Laufe der 1950er-Jahre entstanden in der Sowjetunion mehrere Prototypen dieser Art zu unterschiedlichen militärischen und zivilen Zwecken.[1]

Wie bei anderen Großprojekten der sowjetischen Schwerindustrie wollte man sich auch bei der friedlichen Nutzung der Atomkraft weder verzetteln noch mit einem einzigen Modell in eine entwicklungstechnische Sackgasse geraten. Daher beschlossen die verantwortlichen Stellen 1965, sich auf zwei Grundtypen zur atomaren Energiegewinnung zu konzentrieren:[2] Dies war einerseits der – gleich den USA – aus einem nuklearen U-Bootantrieb entwickelte Druckwasserreaktor VVER (*Vodo Vodjarnoj Energetitscheskij Reaktor* oder Wassergekühlter Wasser-Energiereaktor) sowie zum anderen der Druckröhren-Siedewasserreaktor, der spätere RBMK.[3] Letzterer sollte die Erkenntnisse mehrerer ziviler und militärischer Forschungsreaktoren vereinen. Doch die seit 1964 unter der Bezeichnung »Projekt B-190« von der Leningrader Maschinenfabrik »Bolschewik« verfolgten Entwürfe zum RBMK stießen im zuständigen

Ministerium für den Mittleren Maschinenbau (Sredmash) auf Bedenken, sodass mit den weiteren Planungen wiederum Nikolai Dollezhal und sein Moskauer Institut für Wissenschaftliche Erforschung und Design von Energietechnologien (NIKIET) betraut wurden. Diese überarbeiteten bis 1967 das Konzept dahingehend, dass aus der Erfahrung der bisherigen Testanlagen ein zuverlässiger und wirtschaftlicher Reaktor für eine elektrische Leistung von 1 000 MW entstand. Das Ergebnis war ein sieben Meter hoher, im Durchschnitt zwölf Meter breiter mit knapp 1 600 Druckröhren und etwa 200 Regelstäben versehener Reaktor, dem seine Konstrukteure die Bezeichnung RBMK-1 000 gaben.[4]

Maßgebend für die Funktionsweise eines Kernreaktors sind Moderator, Brennstoff und Kühlmittel. Dabei nutzt man die beim Kernspaltungsprozess freiwerdende Wärme, um Wasser in Dampf umzuwandeln, der wiederum Turbinen mit einem Generator antreibt. Um einen nuklearen Spaltprozess aufrecht erhalten zu können, ist es notwendig, die aus dem Brennstoff entweichenden Neutronen auf eine optimale Reaktionsgeschwindigkeit zu verlangsamen, was mittels des sogenannten »Moderators« geschieht. Dies kann je nach Reaktortyp u. a. leichtes oder schweres Wasser, Beryllium oder Graphit sein. Letzteres nutzte man auch beim RBKM in Form eines gewaltigen Graphitblocks, in dem die 1 800 senkrecht verlaufenden Kanäle entweder die mit Brennstoff befüllten Druckröhren oder die zur Steuerung der Aktivität notwendigen Reglerstäbe aufnehmen. Die bereits erwähnten Druckröhren werden durch Ventile und mechanische Vorrichtungen in den Kanälen arretiert und zu einem Kreislauf zusammengeschaltet, sodass das Kühlwasser von unten die Druckröhren durchströmt, dort die von den Brennelementen abgegebene Wärme aufnimmt und am oberen Ende der Druckröhren durch eine Dampfleitung zu den stromerzeugenden Turbinen geführt wird. Anschließend kondensiert der Dampf durch einen Kühlkreislauf und wird mittels Pumpen wieder von unten in den Reaktorkern eingespeist, wo sich der Prozess wiederholt.

Obschon eine grobe Beschreibung des Funktionsprinzips den komplizierten Aufbau des RBMK erkennen lässt, bot dieser Reaktortyp in den Augen seiner Erbauer zahlreiche Vorteile: Zum Zeitpunkt der Konzeption des RBMK-1 000 konnten die verantwortlichen Wissenschaftler und Ingenieure auf zwei Jahrzehnte Erfahrungen mit graphitmoderierten

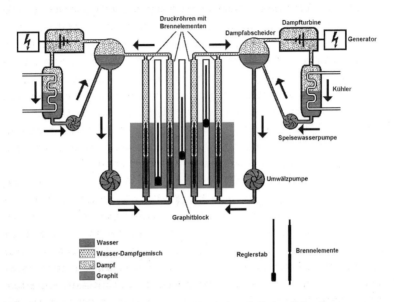

Abb. 1: Funktionsweise eines RBMK-Reaktors (vereinfachte Skizze).

Meilern und dem Einsatz von Druckröhren zur Dampferzeugung zurückgreifen, wobei sie schon früh feststellten, dass diese eine höhere Energieausbeute als bei den meisten westlichen Siedewasserreaktoren erzielen konnten. Die dafür entwickelten Druckröhren minderten nicht nur das Risiko eines Ausfalls bei einer Leckage, sondern konnten im Falle eines Defektes oder zum Erneuern der Brennelemente einzeln ausgewechselt werden, ohne dass der Reaktor dafür komplett heruntergefahren werden musste. Ein weiterer, nicht zu unterschätzender Vorteil war, dass das als Brennstoff eingesetzte Uran dank des Graphitmoderators nur schwach angereichert werden musste (1,8–2 %), was erhebliche Auswirkungen auf die Kosten bei der Herstellung der Brennelemente hatte. Der Hauptvorteil lag indes in der modularen Bauweise. War der RBMK-1 000 in vielen Teilen eine vergrößerte Variante kleiner Vorgängeranlagen, so sahen die Erbauer die Möglichkeit einer linearen Weiterentwicklung zu immer leistungsfähigeren Reaktoren, wie dem späteren RBMK-1 500, indem sie den Reaktorkern vergrößerten und die Zahl der

Druckröhren erhöhten.[5] Dabei waren kaum neu zu entwerfende Teile notwendig. Darüber hinaus waren die Einzelteile des RBMK-1 000 nicht nur schon in Vorgängermodellen erprobt, sondern auch vergleichsweise einfach konzipiert, sodass sie ohne größere Spezialkenntnisse von zahlreichen Betrieben hergestellt werden konnten, bevor man sie vor Ort zusammenbaute. Diese logistischen Vorteile, die langjährige Erfahrung mit einzelnen standardisierten Elementen und die Druckröhrentechnik verleiteten die Verantwortlichen darüber hinaus zu der Auffassung, dass im Gegensatz zu vielen anderen Reaktortypen der RBMK auf eine kostspielige Schutzhülle aus Stahl oder Beton verzichten konnte.[6]

Ungeachtet dieser Vorteile besaß der RBMK auch eine Reihe von Schwachpunkten: Konnte man die Probleme mit undichten Druckröhren durch konstruktive Verbesserungen merklich reduzieren, so bereitete den Erbauern vor allem der hohe Ausstoß an radioaktiven Spaltgasen einiges Kopfzerbrechen, weshalb Dollezhal den RBMK nicht in dicht besiedelten Gebieten einsetzen wollte.[7] Im Betrieb selbst führten insbesondere die beim Hoch- und Herunterfahren des Reaktors entstehenden Xenongasblasen zur Störungen beim Kernspaltungsprozess und falschen Messdaten, zumal der Reaktor im niedrigen Leistungsspektrum sehr zur Instabilität neigte. Ein weiterer, unerwünschter Nebeneffekt der Konstruktion war das Verhalten bei zu starker Dampfentwicklung. Während in anderen Reaktortypen Wasser zugleich als Moderator und Kühlmittel eingesetzt wird, dass bei einer Leckage oder bei zu starker Dampfentwicklung dazu führt, dass die Kettenreaktion zwischen den Brennelementen abnimmt (»negativer Dampfblasenkoeffizient«), steigt in diesem Fall beim RBMK die Leistung zuweilen sprunghaft an (»positiver Dampfblasenkoeffizient«). Zugleich besitzt Graphit auch die Eigenschaft, sich bei hohen Temperaturen mit Sauerstoff zu entzünden, was Experten spätestens durch den Brand in der Atomanlage von Windscale 1957 drastisch vor Augen geführt worden war. Die Erbauer packten daher den ganzen RBMK-Reaktor in eine mit einer 1,8 Meter dicken Sandschicht versehenen Betonwanne und umgaben den Graphitblock mit einer Schutzgashülle aus Helium und Wasserstoff. Als weiterer Schutz gegen die Luft und des Personals vor zu hoher Strahlung schloss ein über 3 000 Tonnen schwerer Schutzschild die Anlage nach oben ab, über jeder Druckröhre lag zudem ein Betonelement.[8]

Graphit stellte innerhalb der RBMK-Technologie noch aus anderer Sicht ein Problem dar. Um ein leichteres Gleiten innerhalb der Mechanik zu gewährleisten, besaßen die über 200 Regelstäbe am unteren Ende eine Graphitspitze. Schon 1975 fiel dem Personal des Atomkraftwerks in Leningrad auf, dass bei einem gleichzeitigen und schnellen Einfahren dieser Regelstäbe die Leistung des Reaktors für einen Moment schlagartig wieder zunahm. Die gleichen Erfahrungen machte 1983 die Bedienmannschaft im litauischen Ignalina. Diese offensichtlich auf einen schweren Konstruktionsfehler hinweisenden Vorfälle hatten aber für die technische Auslegung aller anderen Anlagen keine Konsequenzen und unterlagen der Geheimhaltung.[9]

Wichtig ist darüber hinaus zu wissen, dass im Betrieb des RBMK waffenfähiges Plutonium anfällt, was immer wieder zu Spekulationen in Presse, Politik und Wissenschaft über den »verdeckten« Nutzen der zivilen Atomkraftwerke in der ehemaligen Sowjetunion führte.[10] Abgesehen davon, dass ein Großteil des für militärische Zwecke benötigten atomaren Sprengstoffs in speziell dafür konzipierten Meilern zumeist jenseits des Urals in hermetisch abgeriegelten Städten hergestellt wurde (und wird), mag dies einer der Gründe gewesen sein, weshalb dieser Reaktortyp nicht ins Ausland geliefert wurde.[11] Daneben dürften die relativ komplizierte Steuerung des RBMK und seine hohen Emissionsraten die Verantwortlichen in Moskau dazu bewogen haben, für den Export den Druckwasserreaktoren vom Typ VVER den Vorzug zu geben.

Der RBMK soll die Energieprobleme lösen

Doch innerhalb der Sowjetunion zeigte sich ein genau entgegengesetztes Bild: Der Bau von Druckwasserreaktoren setzte sehr anspruchsvolle Schweißarbeiten sowie die Verarbeitung von Qualitätsstahl voraus. Da letzterer Mangelware war und nur wenige einheimische Betriebe eine solche Fertigung leisten konnten, stieß die Sowjetwirtschaft dabei rasch an ihre Grenzen. Verschärfend wirkte sich zudem die Entscheidung aus, den VVER zum Export freizugeben, was zwangsläufig zu Engpässen in der Versorgung von einheimischen Kraftwerken mit diesem Reaktortyp führte. Ein weiterer Nachteil war die begrenzte Leistungsfähigkeit der ersten Generation von Druckwasserreaktoren. Die angenommene Höchstleistung eines VVER entsprach dabei der Mindestleistung eines viel kostengünstigeren RBMK.[12] Ein weiteres Argument gegen den VVER lieferte der Three-Miles-Island-Unfall von Harrisburg 1979, wo die Panne in einem Druckwasserreaktor zur Teilkernschmelze führte. In der danach auch in der sowjetischen Atomindustrie geführten Sicherheitsdebatte sprachen sich einige Fachleute dafür aus, dass für diesen Reaktortyp eine zusätzliche, kostspielige Betonhülle notwendig sei. Der oberste Kernphysiker der Sowjetunion, Anatoli Aleksandrow (1903–1994), wurde hingegen nicht müde, die Sicherheit der eigenen Anlagen, insbesondere des RBMK zu betonen.[13] Dabei vertrat Aleksandrow die Ansicht, dass bei gleichbleibendem Energiebedarf der Menschheit die fossilen Brennstoffvorräte spätestens in den kommenden 50 Jahren zu Ende gehen und in der Folge Kriege unter den Industrienationen um die letzten Ressourcen ausbrechen würden.[14] Der Ausweg aus diesem Horrorszenario sei der massive Ausbau der Kernenergie als Ersatz fossiler Brennstoffe. Diese gerade nach der Ölkrise von 1973 weltweit verbreitete Haltung hatte auch für die Wirtschafts- und Energiepolitik der Sowjetunion weitreichende Folgen. In den Fünfjahresplänen der 1970er- und 1980er-Jahre war jeweils eine Verdoppelung der Kapazitäten in der Kernenergie vorgesehen. Aleksandrow forderte den forcierten Ausbau der Atomkraft, sodass bis 1990 der Anteil an der Energieerzeugung bei mindestens 30 % liegen sollte. Diese Marke wurde zum unumstößlichen Richtwert für alle Entscheidungen der sowjetischen Energiepolitik von Breschnew bis Gorbatschow.[15]

Da sich auch die einst als »Reaktoren der zweiten Generation« geplanten »Schnellen Brüter« nach über zwei Jahrzehnten immer noch im Entwicklungsstadium befanden, kam dem RBMK zu Beginn der 1980er-Jahre eine immer bedeutendere Rolle in der sowjetischen Energiewirtschaft zu.[16]

Schon im November 1966 hatte der Ministerrat der UdSSR den Bau großer, mit mehreren RBMK-Reaktoren bestückter Energiekomplexe geplant, bei denen jeder Block mit einer Leistung von 1 000 MW die bisherigen Kraftwerke mit ihren Druckwasserreaktoren geradezu in den Schatten stellen sollte.[17]

Diese Großkraftwerke in der Nähe industrieller Ballungszentren sollten das Dilemma lösen, dass die Sowjetunion zwar über genug Öl-, Gas- und Kohlevorkommen verfügte, dieser aber zumeist weit entfernt jenseits des Urals lagen.[18]

Nach Vorbild des 1973 bei Leningrad in Betrieb genommenen Atomkraftwerks entstanden drei weitere große Energiekomplexe für die Regionen Kursk, Smolensk und Kiew. Alle vier Kraftwerke waren durch die Logistik, Kühlung und dazugehörige Siedlung darauf ausgelegt, modular in Baustufen vergrößert zu werden, um die Kapazität im Laufe der nächsten Jahrzehnte zu vervielfachen.[19]

Ein Prestigeprojekt für die Ukraine

Der Bau des Großkraftwerks für den Raum Kiew geschah vor allem auf Betreiben der ukrainischen KP-Führung. 1965 war diese beim Politbüro in Moskau mit der Bitte um drei Atomkraftwerke für ihre Sowjetrepublik vorstellig geworden, erhielt jedoch vorerst nur für eine Anlage die Zusage. Noch im gleichen Jahr begab sich eine Kommission auf die Suche nach einem geeigneten Standort. Nach einem Jahr fiel die Wahl auf eine Gegend beim 1 000-Seelen-Dorf Kopatschi unweit des Flusses Pripjat. Das bisher »Zentralukrainisches Atomkraftwerk« genannte Projekt erhielt Anfang 1967 seinen endgültigen Namen nach dem sechs Kilometer südlich von Kopatschi liegenden Verwaltungszentrum: *Tschernobylskaya atomnaya elektrostantsiya* – auf Deutsch: »Atomkraftwerk Tschernobyl«.[20]

Das 1193 erstmals erwähnte Tschernobyl war über Jahrhunderte von den umliegenden Sümpfen und Wäldern geprägt.[21] 1795 gelangte das Gebiet unter russische Herrschaft und später an die Sowjetunion. Kulturelle Bedeutung errang der Ort durch die noch zuvor unter polnischer Herrschaft geförderten jüdischen Einwanderungen. Mit dem Überfall

Hitlers auf die Sowjetunion fand dieses jüdische Leben Mitte November 1941 ein gewaltsames Ende. Kaum zwei Jahre später wurde der Kleinstadt ihre strategische Lage mit Brücke, Hafen und Bahnlinie zum Verhängnis, als im Rahmen einer Offensive der Roten Armee der Ort fast vollständig zerstört wurde. Ende der 1960er-Jahre zählte Tschernobyl rund 12 500 Einwohner, die zumeist vom Fischfang, Gemüseanbau oder der Waldwirtschaft lebten.[22]

Über die Bedeutung des Ortsnamens liegen verschiedene Interpretationen vor. Zumeist mit der Pflanzengattung der Artemisia in Verbindung gebracht, wird Tschernobyl entweder mit »Beifuß« oder »Wermut« übersetzt. Letzteres führte zu einer seit 1986 andauernden heftigen Debatte um eine mögliche biblische Prophezeiung um den die Gewässer verseuchenden »Stern Wermut« in Kapitel 8.10–11 der Offenbarung. Christlich-konservative Kreise, darunter auch der damalige US-Präsident Ronald Reagan (1911–2004), interpretierten den Namen als Strafgericht für die »gottlose Sowjetunion« – freilich erst nach den Ereignissen vom April 1986.[23]

Doch es waren nicht diese finsteren Prophezeiungen, die dafür sorgten, dass die zum Kraftwerk Tschernobyl gehörige Siedlung nicht hier, sondern 20 Kilometer weiter nordwestlich erbaut wurde. Vielmehr lag Tschernobyl zu weit weg vom zukünftigen Kraftwerksgelände.

Der Anfang 1970 gegründete Ort für das zukünftige Werkspersonal entstand am Reißbrett und erhielt 1972 seinen Namen nach dem weiter westlich fließenden Fluss Prjpjat.[24] Die Lage dieser Siedlung wurde bestimmt durch die dort verlaufenden Fernstraßen und Bahnlinien sowie die Nähe zu der nur 3,5 Kilometer südwestlich liegenden Großbaustelle des zukünftigen Atomkraftwerks. Wie bei anderen sowjetischen Stadtgründungen dieser Zeit beherrschten großzügig ausgebaute Straßen und überwiegend sechs- bis zehnstöckige Wohnblöcke in Plattenbauweise das Stadtbild. Umgeben von Grünanlagen und einem administrativen Zentrum in der Stadtmitte legten die Planer Prjpjat bis 1975 für etwa 12 000 Einwohner aus. Staat und Partei warben in der ganzen Sowjetunion für das Projekt. Das Resultat war, dass die zukünftige Bevölkerung nicht nur aus allen Teilen der Sowjetunion stammte, sondern zumeist auch recht jung war – der Altersdurchschnitt lag bei etwa 26 Jahren.[25] Die meisten Arbeiter, die die Siedlung Prjpjat und das Atomkraftwerk Tschernobyl erbauten, blieben anschließend. In den 1980er-Jahren besaß die Stadt einen für sowjetische Verhältnisse relativ hohen Lebensstand, der zahlreiche weitere Menschen anzog. Bis 1985 stieg die Einwohnerzahl auf fast 48 000, Planungen für eine Erweiterung waren im vollen Gange. Mit seinen 150 Wohnblöcken, Sportstadien, Schwimm-bädern, zahlreichen Kultur- und Freizeiteinrichtungen sowie mehreren Kaufhäusern und Supermärkten präsentierte sich Pripjat als sozialisti-sche Musterstadt, die zeigen sollte, wozu das Sowjetsystem – dank der Atomkraft – fähig war.[26]

Abb. 2: Blick über Pripjat auf das Kernkraftwerk Tschernobyl Mitte Mai 1986.

Den umfangreichen Aushub- und Planierungsarbeiten folgte am 15. August 1972 die symbolische Grundsteinlegung des Kraftwerks. Nach Leningrader Vorbild waren Design, Funktionsweise und vorgesehene Leistung der Atomkraftwerke Kursk und Tschernobyl im Grunde gleich. Nur beim etwas später errichteten Atomkraftwerk in Smolensk passte man die Konstruktion den neuesten Erkenntnissen an. Allen vier Kraftwerken, Leningrad, Kursk, Tschernobyl und Smolensk war die geplante elektrische Leistung von 2 000 MW in einer ersten sowie von weiteren 2 000 MW in einer zweiten Baustufe gleich, wobei immer zwei Reaktoren paarweise eine Baustufe ergaben.

Block 1 und 2 von Tschernobyl errichtete man zwischen dem südöstlichen Stadtrand von Pripjat und dem Fluss auf einem etwa 45 Hektar umfassenden Gelände. Im Zentrum stand die 400 Meter lange und fast 50 Meter breite Turbinenhalle, an deren Nordseite die beiden Reaktorgebäude angrenzten. Nördlich davon befanden sich neben dem Kamin mehrere Hilfsgebäude. Verwaltung, Kantine und Fuhrpark waren östlich davon angeordnet, im Süden lagen die Umspannstationen sowie der Kühlteich zur Wasserentnahme.[27]

Westlich davon entstanden ab 1976 die Reaktorblöcke 3 und 4. Obgleich sich die Anordnung dieser neuen Einheiten äußerlich von Block 1 und 2 unterschied, entsprachen sie im Grundprinzip der ersten Ausbaustufe. Beim Vergleich mit westlichen Atomkraftwerken fällt das Fehlen großer Kühltürme auf. Begünstigt durch die jahrzehntelangen Erfahrungen im Bau von Kanälen und Wasserkraftwerken entschieden sich die sowjetischen Ingenieure dafür, die Reaktoren mittels eines künstlich angelegten Stausees über Kanäle mit Kühlwasser zu versorgen. Mit jeder Ausbaustufe vergrößerte man das Wasserbassin bis auf 22 Quadratkilometer. Als dies für die dritte Ausbaustufe nicht mehr ausreichte, sah man für die Blöcke 5 und 6 zwei Kühltürme vor.[28]

Obwohl die Daten und Bauzeiten der einzelnen Reaktorblöcke in Leningrad, Smolensk, Kursk und Tschernobyl kaum größere Abweichungen voneinander aufzeigen, berichtet der überwiegende Teil der Literatur zur Baugeschichte von Tschernobyl von Verzögerungen und Problemen bei der Fertigstellung der einzelnen Sektionen. Immer wieder beschwerte sich die Kiewer KP-Spitze in Moskau über ausbleibende Materiallieferungen.[29] So vergingen die Jahre 1975 und 1976, ohne dass Block 1 ans Netz gehen konnte, während im 420 Kilometer entfernt gelegenen Kursk der erste Reaktor seinen Betrieb aufnahm. Rechtzeitig zum 60. Jahrestag der Oktoberrevolution 1977 produzierte Tschernobyl Strom. Block 2 folgte im Spätjahr 1978, die Blöcke 3 und 4 1981 bzw. 1983. Doch bei allen vier Sektionen konnten die Fristen von Bau und Inbetriebnahme zu keinem Zeitpunkt eingehalten werden, zwischen Planung und Stromerzeugung jedes Reaktors vergingen durchschnittlich sechs Jahre und neun Monate.[30] Neben Lieferengpässen, Materialmängeln und schlecht durchgeführten Arbeiten zeigt ein genauerer Blick auf die Eckdaten von Bau und Betrieb, dass die von Kraftwerksleitung und Partei vorgegebenen Planziele fernab jeglicher Realität lagen. Symptomatisch dafür war die Bemerkung des Kiewer Parteisekretärs anlässlich eines Besuches in Pripjat, warum man nicht zwölf oder gar 20 Reaktoren dort bauen könne. Unbenommen dieser Schwierigkeiten verlieh die KPdSU als besondere Anerkennung im April 1980 dem Atomkraftwerk Tschernobyl den Namenszusatz »V.I. Lenin« zum 110. Geburtstag des Revolutionsführers.[31]

Auf dem Weg zum größten Atomkraftwerk der Welt

Mit der Planung der Blöcke 5 und 6 war Tschernobyl auf dem Weg, in der Leistungsbilanz sowjetischer Kernkraftwerke die Führung zu übernehmen. Doch die Qualitäts- und Liefermängel rissen nicht ab: »Die Probleme des ersten Reaktorblocks sind auf den zweiten, vom zweiten auf den dritten, und so weiter übergegangen. Daher haben sie sich vermehrt und sind von einer enormen Zahl von offengebliebenen Entscheidungen überwuchert worden.«[32] Diese Worte waren im März 1986 in einem ausführlichen Artikel in der »Tribuna Energetika«, dem Organ der Arbeiter des Kernkraftwerks Tschernobyl sowie eine Woche später in der Kiewer Wochenzeitung »Literaturnaja Ukraina« zu lesen. Der Text, der sowohl den neuen Wind von Gorbatschows »Glasnost«-Politik atmete als auch im Nachhinein geradezu wie ein Menetekel auf die kommenden Ereignisse wirkte, war ein Zeichen der Unzufriedenheit mit den Zuständen auf der Baustelle des Kraftwerks. Der Reporterin Ljubow Kowalewska (*1953) gelang es, Einsicht in die Bauakten zu erhalten. Das Ergebnis war eine erschreckende Bestandsaufnahme der Zustände, für die u. a. eine ineffiziente Arbeitsorganisation und schlechte Materialqualität verantwortlich waren. Stellt Kowalewskas Bericht in der Tschernobyl-Historiographie heutzutage ein Dokument ersten Ranges dar, so verfehlte er im März 1986 seine Wirkung. Weder die darin angesprochenen Zulieferer noch die Verantwortlichen bei Staat und Partei nahmen die Kritik ernst.[33]

Der Direktor des angesprochenen Kraftwerks war in dieser Hinsicht in keiner beneidenswerten Situation. Ende 1935 in Taschkent geboren, hatte sich Viktor Brjuchanow beim Aufbau des Sloviansker Kohlekraftwerks 1966 hervorgetan und war den Parteioberen in Kiew aufgefallen, die dem erst 34-jährigen Turbinenexperten 1970 die Leitung über den Bau des Tschernobyler Kraftwerks sowie der dazu gehörigen Werkssiedlung übertrugen. In dieser Position musste Brjuchanow nun den schwierigen Spagat zwischen dem Wunsch der Partei nach Erfolgsmeldungen, den Erwartungen der Arbeiter nach Prämien sowie den Forderungen der Volkswirtschaft nach der Deckung des steigenden Strombedarfs meistern.[34]

Dieser Druck nahm im Februar 1986 zu, als Brjuchanow mit der ukrainischen Delegation am XXVII. Parteitag der KPdSU in Moskau teilnahm. Die Rede des seit einem knappen Jahr amtierenden Generalsekretärs Michail Gorbatschow (*1931) ist vor allem wegen der beiden Schlagworte »Glasnost« und »Perestrojka« in Erinnerung geblieben. Doch eine genauere Betrachtung zeigt, dass es bei der Festlegung der wirtschaftlichen Leitlinien im 12. Fünfjahresplan nicht bei einer Aufzählung der Defizite der vergangenen Jahre blieb. Gorbatschow wollte den radikalen Umbau der Wirtschaft auf verschiedenen Ebenen. Dabei stellte die »grundlegende Rekonstruktion des Energiekomplexes« einen Grundpfeiler der zukünftigen Entwicklung dar. Dazu sollte der Anteil der Kernkraft an der Energieversorgung innerhalb von fünf Jahren um das Zweieinhalbfache steigen.[35] Noch konkreter wurde eine Woche später der russische Ministerpräsident Nikolai Ryshkow (*1929) in seiner Grundsatzrede zur wirtschaftlichen und sozialen Entwicklung: Auch er forderte weitere Verbesserungen im Brennstoff- und Energiekomplex. Dabei sparte Ryshkow nicht mit Kritik: So beklagte er die schleppende Fertigstellung und Inbetriebnahme von Kernreaktoren, weshalb immer wieder fossile Energieträger einspringen mussten.[36]

Diese Kritik richtete sich unmissverständlich auch an die Verantwortlichen in Tschernobyl. Schon im Vorfeld des Parteitages war der sowjetische Energieminister Anatoli Majorez (1929–2016) am Pripjat erschienen und hatte auf eine Erhöhung des Arbeitstempos gedrängt. Entgegen der vor Ort angetroffenen Probleme verkündete Majorez wenige Wochen später, dass sich die Bauzeit der Atomkraftwerke zukünftig von sieben Jahren auf fünf Jahre reduzieren würde. Für Block 5 in Tschernobyl bedeutete dies eine Verkürzung der Baufrist um 12 Monate, also bis Ende 1986![37] Das Resultat dieser Politik war ein immenser Zeitdruck, der wiederum mehr oder minder auf Kosten der Qualität ging.

Dabei konnte sich die offizielle Statistik von Tschernobyl durchaus sehen lassen. Die im Jahre 1985 dort produzierte Strommenge entsprach dem Strombedarf der gesamten Tschechoslowakei. Spätestens mit der Inbetriebnahme von Block 6 im Jahre 1988 sollte Tschernobyl in die Annalen eingehen – als das größte Atomkraftwerk der Welt. War Block 5 im Frühjahr 1986 zu 80 % fertig, so gab es schon Überlegungen für einen möglichen Ausbau auf dem östlichen Pripjatufer für die Blöcke 7 bis 10.[38] Als »Arbeitspferde« sollten weiterhin die bewährten RBMK-Reaktoren dienen, die während des Betriebes immer wieder Verbesserungen und Nachrüstungen erfuhren – u. a. auch um die Sicherheitsstandards zu erhöhen.

Der Sicherheitstest vom 26. April 1986

Knapp zehn Jahre zuvor hatte der Vater des Reaktors, Niklai Dollezhal, empfohlen, die Kraft der rotierenden Turbinen im Auslauf zu nutzen, um im Falle eines völligen Stromausfalls die etwa 40 Sekunden bis zum Start der Dieselnotstromaggregate überbrücken zu können. Damit sollte die ununterbrochene Kühlung des Reaktors gewährleistet und eine mögliche Kernschmelze durch Überhitzung verhindert werden.[39] Obgleich alle Beteiligten ein solches Ereignis als sehr unwahrscheinlich einstuften, erarbeitete das dafür zuständige Institut in Moskau bis 1982 Richtlinien für die Durchführung eines solchen Tests. Ungeachtet der recht ungenauen Anweisungen führte man in Tschernobyl den Test gleich nach Erhalt der Vorschrift an Reaktorblock 3 durch. Der Test schlug prompt fehl. Als Ursache stellte sich eine Unstimmigkeit bei den Spannungsreglern der Generatoren heraus. 1984 und 1985 scheiterten zwei weitere Versuche am wenige Monate zuvor ans Netz gegangenen Reaktorblock 4. Es zeigte sich, dass die automatischen Schutz- und Überwachungsprogramme das vorgesehene Prozedere unterbanden.[40] Nach einigen Konfigurationen in der Kontrollsteuerung sollte im April 1986 die geplante Revision von Reaktorblock 4 genutzt werden, um den Test endlich in einem vierten Anlauf erfolgreich abschließen zu können. Darum hatte vor allem der Hersteller der Spannungsregler, DonTechEnergo, gebeten, um endlich die Wirksamkeit der neuen Apparatur beweisen zu können.[41] Daher ordnete die Kraftwerksleitung den Testlauf für den 25. April 1986 an, um pünktlich zum 1. Mai die Erfolgsmeldung nach Moskau schicken zu können. Für den Fall eines erneuten Fehlschlags, sollte unmittelbar danach ein weiterer Versuch folgen.[42]

Verheerenderweise waren alle Beteiligten lediglich auf die elektrotechnischen Probleme der Anlage fixiert. Da von den Verantwortlichen niemand auf den Gedanken kam, dass die Versuchsanordnung Auswirkungen auf den kerntechnischen Betrieb des Reaktors haben könnte, waren weder Fachleute aus diesem Bereich noch spezielle Sicherheitsmaßnahmen für den eigentlichen Reaktorbetrieb vorgesehen.[43]

Die Unregelmäßigkeiten begannen, als knapp 14 Stunden nach Einleitung der Testvorbereitungen am Nachmittag des 25. Aprils 1986 das Herabfahren des Reaktors wegen einer erhöhten Stromnachfrage aus der Region Kiew gestoppt und der Test auf die frühen Morgenstunden des nächsten Tages verschoben werden musste, wofür nun eine andere nicht mit dem Test vertraute Mannschaft zuständig war. Ab 23:00 Uhr sollte der Reaktor auf die für den Test vorgesehene thermische Leistung von 20–30 % (700 MW) heruntergefahren werden. Zur Verwunderung des Personals fiel dieser Wert bis 00:30 Uhr auf 1 % (30 MW).[44]

In dieser Situation wechselte um Mitternacht die Bedienmannschaft. An die Stelle des bisherigen Schichtleiters Jurij Tregub trat der knapp 33-jährige Aleksandr Akimow (1953–1986). Wegen der bestehenden Leistungsprobleme blieb Tregub mit einigen Mitarbeitern der Vorschicht noch im Schaltraum, wo sich auch Vertreter des DonTechEnergo-Betriebs eingefunden hatten, um die Arbeitsweise der neuen Spannungsregler zu überprüfen. Geleitet wurde diese Schicht im Grunde vom stellvertretenden Chefingenieur des Kraftwerks, dem 55-jährigen Anatoli Djatlow (1931–1995), dessen praktische Erfahrungen indes auf dem Gebiet kleiner, kompakter Druckwasserreaktoren lagen, wie sie z. B. bei Schiffen und U-Booten eingesetzt wurden. Doch bei allen Entscheidungen in dieser Nacht hatte er als stellvertretende Chefingenieur das letzte Wort.[45]

Obwohl seit einem Unfall im Atomkraftwerk Leningrad 1975 immer mindestens 30 Reglerstäbe im Reaktorkern bleiben mussten, wies Djatlow die Operateure an, dem Leistungsabfall durch das Herausziehen dieser entgegenzuarbeiten. Je nach Zeitpunkt und Darstellung der Ereignisse schwankte die Zahl der noch im Reaktorkern verbliebenen Reglerstäbe zwischen 26 und sechs.[46]

Die vermeintliche Stabilisierung des Reaktors um 01:00 Uhr bei 200 MW schien diese Maßnahme zu rechtfertigen. Angesichts des offenbar nicht normalen Verhaltens des Reaktors und der für den Test viel zu niedrigen Ausgangsleistung sprach sich der zuständige Operateur Akimow für einen Abbruch des Vorhabens und das Herunterfahren des Reaktors aus, wurde aber kurz nach 01:00 Uhr von Djatlow überstimmt und angewiesen, die Testvorbereitungen fortzusetzen.[47] Diese Entscheidung machte aus dem Sicherheitstest ein Experiment mit ungewissem Ausgang.

Wich man damit schon erheblich von den Vorgaben ab, so setzte die Mannschaft das vorgeschriebene Prozedere in einer Art bedienungstechnischer Geisterfahrt blindlings fort. Überwachungs- und Notprogramme, die den Testablauf möglicherweise hätten stören können, wurden einfach abgeschaltet. Um die Kühlung des Reaktorkerns unmittelbar nach dem Test zu sichern, startete man um 01:03 Uhr und 01:07 Uhr zusätzlich zu den sechs Umwälzpumpen die beiden Reserveumwälzpumpen. Da aber die Reaktorleistung weit unter den erforderlichen 700 MW lag, drohte der Reaktor durch das viele Wasser zu »unterkühlen« und sich automatisch abzuschalten. Um dies zu verhindern, überbrückte Akimow das vorgesehene Meldesystem um 01:19 Uhr, weitere Reglerstäbe wurden bis 01:23:10 Uhr herausgefahren, die Kühlwasserzufuhr hingegen innerhalb von nur 30 Sekunden schlagartig auf 23 % reduziert.[48]

Von der ganzen Prozedur schon völlig instabil, versetzte die Bedienmannschaft den Reaktor so innerhalb weniger Minuten von einem Kältebad in einen Zustand, der ihn weit über die zulässige Höchstleistung führen sollte.

In dieser Situation begann um 01:23:04 Uhr der eigentliche Test mit der Schließung der Dampfzufuhr zu Turbine 8, die durch das anschließende Auslaufen noch genug Strom erzeugen sollte, um die Zeit bis zum Anspringen der Notstromaggregate zu überbrücken. Etwa 36 Sekunden nach Beginn des Tests machte sich eine Leistungsexkursion auf den Anzeigen bemerkbar. Um 01:23:40 Uhr löste Akimow per Knopfdruck den Havarieschutz aus – das automatische Leistungsreglersystem hatte schon 20 Sekunden zuvor begonnen, die Reglerstäbe in den Reaktor mittels Servoantrieb langsam einzufahren.[49]

Etwa acht Sekunden nach dieser Maßnahme überschritt die Leistung des Reaktors den ausgelegten Spitzenwert um ein Vielfaches. Die Personen im Schaltraum vernahmen laute Knarr- oder Ächzgeräusche, wie sie entstehen, wenn Stahl nachgibt. Es kam zu einer ersten, wohl durch den hohen Dampfdruck verursachten Explosion.[50] Drei Sekunden später folgte eine zweite, weitaus heftigere Explosion, die – neben dem eigentlichen Atommeiler – die Reaktorhalle und zwei angrenzende Gebäude sowie Teile der äußeren Anlage des benachbarten Reaktors 3 beschädigte. Es brachen 30 Brände aus, im Umfeld von mehreren hundert Metern war alles von brennenden, glühenden und radioaktiven Trümmern übersät.[51]

Von Augenzeugen wie eine vulkanische Eruption beschrieben, ist diese zweite, heftigere Explosion wohl am ehesten mit einer chemischen Gasexplosion zu erklären. Spätere Untersuchungen ergaben, dass sich durch die gewaltige Hitze bei der Kernschmelze das Wasser an den Metallen und dem Graphit in explosives Knallgas aufspaltete. Danach genügte ein Funke, um dies zu zünden. Bittere Ironie der Ereignisse: Laut dem Ingenieur von DonTechEnergo bestand der neue Spannungsregler den Test nur wenige Sekunden vor der Katastrophe mit Bravour.[52]

Infobox 1: Transportschaden – Schiffbruch – Atomunfall: Havarie

Nach der arabischen Wortherkunft bezeichnet »awārīyya« einen durch Meerwasser verursachten Schaden, ist also gleichzusetzen mit der Beschädigung von Handelsgütern an Bord oder im Hafen. Aus Italien gelangte der Ausdruck im 18. Jahrhundert in den deutschen Sprachraum, wo er zuerst als »Haferei« die verschiedenen Unkosten im maritimen Bereich, von der Lotsengebühr über den Zoll bis zum Schiffbruch, zusammenfasste. Während der Begriff im bundesdeutschen Wortschatz fast nur auf die Seefahrt beschränkt ist, erhielt er in anderen Ländern mit Einsetzen der Industrialisierung neue Bedeutungen. In der Schweiz benannte man schon vor 1900 – wohl von Dampfschiffen ausgehend – Schäden am Antrieb der Eisenbahn als »Havarie«, in Österreich bürgerte sich das Wort als ein Synonym für einen Verkehrsunfall ein.[53] Die Bedeutung des russischen »avarija« beschreibt seit Mitte des 20. Jahrhunderts alle Arten von Unfällen oder Pannen bei Verkehrsmitteln und in der Technik, vor allem bei großtechnischen Anlagen. Über die Sowjetunion fand der Terminus in die Sprache der DDR Eingang, wo er maßgeblich im chemischen sowie im nuklearen Bereich ungefähr der Definition des im Westen genutzten Fachausdruckes »Störfall« entsprach.[54]

Einen weltweiten Bekanntheitsgrad erlangte der Begriff in Zusammenhang mit den ersten sowjetischen Meldungen über das Reaktorunglück von Tschernobyl. Von der Presse oft als Schlagwort für Tschernobyl benutzt, sahen viele im Westen (fälschlicherweise) in der Wortwahl »Havarie« eine bewusste Verharmlosung durch die sowjetischen Behörden. Trotz oder gerade wegen dieser ambivalenten Bedeutung erreichte der Begriff bei der Wahl zum »Wort des Jahres 1986« Platz 2 – gleich nach »Tschernobyl«[55].

Ebenso alt wie die Diskussion um den genauen Ablauf des Unglücks sind die Spekulationen um die eigentliche Ursache. Aus den beiden Unfallberichten von 1986 und 1992 sowie den Aussagen der beteiligten Personen lassen sich fünf Hauptgründe ermitteln, deren Zusammenspiel in den frühen Morgenstunden des 26. Aprils 1986 zum Unglück führten: Zuerst sorgte die beim geplanten Herunterfahren auftretende »Xenonvergiftung« für ein instabiles Verhalten des Reaktors. Diesem versuchten die Operateure, durch das vorschriftswidrige Herausziehen zu vieler Reglerstäbe zu begegnen. Unmittelbar mit diesem Verhalten zusammenhängend ist die unvorsichtige Art, mit der die Operateure den ohnehin instabilen Reaktor innerhalb kürzester Zeit in verschiedene, extreme Energiezustände versetzten, ohne die Folgen (Nachwärme) und die teils verzögerte Meldungen durch die Anzeigegeräte zu bedenken. Als vierter verhängnisvoller Punkt ist die undurchdachte Vorgehensweise während des eigentlichen Sicherheitstests zu nennen. Das Abschalten der Dampfzufuhr zu den Turbinen sollte einen möglichen Bruch der Dampfleitung simulieren. Doch das vorgeschriebene Prozedere ließ die Frage offen, wohin in der Simulation der überschüssige Dampf entweichen solle.[56] Folglich drückte das Absperren der Zufuhr zu den Turbinen den Dampf zurück in den instabilen und überhitzten Reaktor und verdrängte das dort noch verbliebene Kühlwasser, was zugleich zu einer weiteren Steigerung der nuklearen Kettenreaktion führte. Vom zeitlichen Ablauf her dürfte dieser »positive Dampfkoeffizient« das Schicksal des Reaktors besiegelt haben.

Oft als alleinige oder Hauptursache benannt, gilt zudem die Ausführung der Reglerstäbe mit Graphitspitzen als nicht zu unterschätzender Faktor. Eigentlich als Gleithilfe bei der Unterbrechung der Kettenreaktion vorgesehen, bewirkte das Graphit durch seine kernphysikalischen Eigenschaften als »unfreiwilliger« Moderator genau das Gegenteil. Im übertragenen Sinne wurde die Notbremse so zum Gaspedal.[57] Inwiefern dieser Konstruktionsfehler Anteil an der eigentlichen Reaktorzerstörung hatte, ist nicht ganz sicher. Der Journalist Adam Higginbotham schildert den Ablauf dahingehend, dass die Betätigung der Schnellabschaltung um 01:23:40 Uhr Teil des geplanten Tests gewesen war und die zur Katastrophe führende Leistungsexkursion erst beim Einfahren der Reglerstäbe entstanden sei. Bei dieser teilweise vom Unfallbericht von 1986 abweichenden Darstellung stützt sich Higginbotham maßgeblich auf die Aussagen der überlebenden Zeitzeugen aus 30 Jahren nach den Ereignissen geführten Interviews.[58]

Im November 2017 bereicherte eine neue These die Diskussion um den Unfallhergang. Bei der Untersuchung von im April 1986 genommenen Luftproben aus der 375 km nördlich von Moskau gelegenen Stadt Tscherepowez fand der schwedische Nuklearforensiker und Atomtestexperte Lars Erik de Geer (*1945) Spuren eines Xenonisotops, dass eigentlich nur bei der Zündung von Kernwaffen entsteht. Auch wenn ein solches Ereignis in Tschernobyl nicht stattfand, so hält es de Geer für wahrscheinlich, dass der ersten Wasserdampfexplosion kleine Nuklearexplosionen im Reaktorinneren vorangegangen sein könnten. Berichte von Personen, die sich in der Unglücksnacht am Kühlsee aufhielten und im Zusammenhang mit der Explosion von einem blauen Blitz berichteten, stützen diese Annahme.[59]

Abb. 3: Der zerstörte Reaktor 4 drei Wochen nach der Explosion.

Maßnahmen zur Bewältigung der Katastrophe

Schon etwa vier Minuten nach den Explosionen erreichte der erste Löschzug der Werksfeuerwehr den Unglücksort. Angesichts der offenbaren Schäden hatte dieser noch während der Fahrt die höchste Alarmstufe ausgerufen, sodass kurz danach die Feuerwehren aus der ganzen Umgebung ausrückten.[60] Die Löscharbeiten konzentrierten sich vor allem auf die Brände des Daches von Block 3. In der Dunkelheit konnte niemand das ganze Ausmaß des Schadens überblicken.

Das gleiche galt für die Personen im Schaltraum von Block 4. Auch hier war man der Überzeugung, dass ein Hilfsaggregat explodiert sei oder sich eine chemische Verpuffung ereignet habe. Noch eine ganze Weile versuchte Akimow, Kühlwasser in den Reaktor zu leiten und die Steuerstäbe einzufahren.[61] Weder die Operateure noch die Feuerwehrmänner waren sich in den ersten Stunden nach dem Unglück bewusst, dass der halbzerstörte Reaktor tödliche Strahlungsdosen abgab. Zu allem Unglück drangen mehrere Mitarbeiter und Rettungskräfte auf der Suche nach möglichen Opfern teils sogar bis auf wenige Meter an den Platz vor, wo einst Reaktor 4 stand. Zwischen 02:00 und 03:00 Uhr stellten sich bei den ersten Personen Symptome der Strahlenkrankheit ein.[62] Im Laufe der Morgenstunden befanden sich 132 Feuerwehrleute und Kraftwerksmitarbeiter im Klinikum von Pripjat.[63] Mit Ausnahme des Reaktorkerns waren die Brände bis 06:35 Uhr gelöscht.[64]

Telefonisch in seiner Pripjater Wohnung über die Ereignisse informiert, eilte Kraftwerksdirektor Brjuchanow sofort zum Unglücksblock 4, wo er um 2:30 eintraf. Akimow berichtete ihm von einem möglichen Strahlenunfall, versicherte aber, dass der Reaktor noch intakt sei. Von seinem Büro aus benachrichtigte Brjuchanow seine Vorgesetzten in Moskau sowie die zuständigen Stellen in Kiew und Pripjat. In der irrigen Annahme, dass der Reaktor nicht betroffen sei, sprach er dabei nur von einem Feuer.[65]

Diese Meinung vertrat Brjuchanow auch noch am späten Vormittag des 26. April in der Konferenz des Parteikomitees in Pripjat, weshalb er eine Evakuierung des Ortes nicht für notwendig hielt. So lief dort alles weiter seinen gewohnten Gang. Die Einwohner der Stadt tätigten an diesem Samstag ihre Einkäufe, Angestellte des Atomkraftwerks gingen zu ihrer Schicht, wunderten sich aber vor Ort über die hohe Präsenz von Sicherheitsorganen und die offensichtlichen Zerstörungen im Bereich von Block 4.[66]

Dabei hätte es Brjuchanow besser wissen müssen. Schon um 02:15 Uhr hatte der Leiter des Zivilschutzes auf dem Werksgelände alarmierende Strahlenwerte festgestellt, von denen aber weder Brjuchanow noch der Parteileiter des Kraftwerks etwas wissen wollten.[67]

Inzwischen war das politische Moskau tätig geworden. Etwa eine halbe Stunde nach Brjuchanows Meldung wurden mehrere Vertreter aus Regierung und Partei, darunter auch Ministerpräsident Nikolai Ryshkow, benachrichtigt, um 05:00 Uhr erhielt Generalsekretär Michail Gorbatschow einen Anruf.[68] Umgehend berief dieser die Mitglieder des Politbüros zu einer Krisensitzung ein. Wie in anderen Fällen sollte eine unter Ryshkows Führung stehende Operative Gruppe von Moskau aus mit Fachleuten die zu ergreifenden Maßnahmen beschließen. Verantwortlich für die Umsetzung vor Ort und den Nachrichtenfluss nach Moskau war eine eigens dafür eingesetzte Regierungskommission. Mit dem gerade in Westsibirien verweilenden stellvertretenden Ministerpräsidenten Boris Schtscherbina (1919–1990) sollte ein ausgewiesener Energieexperte diese Kommission vor Ort leiten. Schtscherbina machte sich sogleich mit einem Regierungsflieger auf den Weg in die Ukraine.[69] Obwohl Puchner wohl nicht zu Unrecht vermutet, dass Feuerwehr und Sicherheitsorgane anhand möglicher Luftproben schon anderslautende Meldungen nach Kiew und Moskau weitergegeben hatten, war der offizielle Kenntnisstand bei Staatsspitze und verantwortlichen Behörden am Mittag des 26. Aprils 1986: Explosion, Brände, Strahlenaustritt, aber der Reaktor ist intakt. Die meisten gingen von einer Dampfexplosion eines Hilfsaggregats aus.[70]

Ein Erkundungsflug mit einem Hubschrauber am späten Nachmittag des 26. Aprils änderte die Lage schlagartig. Die an Bord befindlichen Experten stellten fest, dass der Reaktor zerstört war und dass das tonnenschwere obere Schutzschild glutrot auf einem qualmenden Schutthaufen lag. Die ganze Szenerie war mit Teilen aus dem Reaktorinneren übersät.[71] Gegen Abend verschärfte sich die Situation, als Flammen aus der Reaktorruine schlugen und Messgeräte einen dramatischen Anstieg der Radioaktivität vermeldeten. Ein erneuter Überflug bestätigte die Befürchtung: Die nukleare Kettenreaktion nahm nach dem Abschalten der völlig erschöpften Wasserpumpen zu, das obere Schutzschild glühte inzwischen hellgelb auf, was auf steigende Temperaturen hinwies. Knapp 22 Stunden nach dem Unglück fing der Graphit im Überrest des Reaktors an zu brennen. Spätestens jetzt wurde aus dem schweren Nuklearunfall eine atomare Umweltkatastrophe mit weitreichenden Folgen.[72]

Während die ersten Einwohner von Pripjat mit Privatfahrzeugen die Stadt verließen, fasste die im Rathaus tagende Regierungskommission unter dem inzwischen eingetroffenen Boris Schtscherbina am Abend des 26. Aprils 1986 vier Beschlüsse, die den Fortgang der Sicherungsarbeiten in den nächsten Monaten bestimmen sollten: Neben der Abschaltung aller Reaktoren war eine Evakuierung von Pripjat unumgänglich. Daneben galt es den Brandherd zu löschen und die Unfallstelle durch bauliche Maßnahmen hermetisch von der Außenwelt abzuschotten.[73]

War Reaktor 3 schon wenige Stunden nach dem Unglück abgeschaltet worden, so fuhr man die Reaktoren 1 und 2 in der nächsten Nacht herunter. Die Evakuierung Pripjats begann am 27. April um 14:00 Uhr. Dazu orderte man eigens aus Kiew 1 216 Busse und 300 Lastkraftwagen. Ab 12:00 Uhr erfuhren die Einwohner durch Radio und Lautsprecherdurchsagen von der Räumung, die aber nur wenige Tage anhalten sollte. Bis 17:00 Uhr war die Aktion abgeschlossen. Wegen der starken radioaktiven Verseuchung dehnten die Behörden das Evakuierungsgebiet auf eine Zone von 30 Kilometer aus. Am 5. Mai 1986 mussten deswegen auch die Einwohner der umliegenden Dörfer sowie der Stadt Tschernobyl ihre Wohnungen verlassen.[74]

Bei der Bekämpfung des Reaktorbrandes stellten sich zwei grundsätzliche Fragen: Wie soll man den stark verstrahlten Brandherd löschen und welche Löschmittel sind anzuwenden? Da die bisher eingesetzten Pumpen völlig erschöpft waren und das Wasser drohte, die restlichen Abschnitte des Kraftwerks zu überfluten, entschloss sich die Kommission, die weitere Brandbekämpfung aus der Luft mittels Helikopter vorzunehmen. Zugleich bat man in Moskau beim Kurtschatow-Institut um Ratschläge, um den Brand mit »unüblichen Methoden« bekämpfen zu können.[75]

Die Löschmittel hatten drei Aufgaben zu erfüllen: Sand, Lehm und Dolomit sollten das Feuer im Reaktor ersticken, mit Borcarbid hoffte man die nukleare Kettenreaktion unterbrechen zu können und Blei sollte die Unfallstelle gegen die Außenwelt versiegeln. Noch vor der Evakuierung von Pripjat begannen am Morgen des 27. Aprils die ersten Hubschraubereinsätze. Bis zum 2. Mai warfen etwa 30 Kampf- und Transporthubschrauber die benötigten 5 000 Tonnen Löschmittel ab.[76] Diese von den sowjetischen Medien gefeierte Aktion hatte ihre Schattenseiten.

Nicht nur, dass die vielen Überflüge, Starts und Landungen für eine starke Aufwirbelung des radioaktiv kontaminierten Staubes sorgten, die Statik der Reaktorruine drohte Anfang Mai unter dem Gewicht der abgeworfenen Materialien nachzugeben. Überdies erstickte man mit den Löschmitteln zwar den offenen Graphitbrand, da die abgeworfenen Materialien aber zugleich eine Wärmeabfuhr verhinderten, nahmen Temperatur und Kettenreaktion an der Unfallstelle am 1. Mai wieder zu.[77]

Es gelang schließlich flüssigen Stickstoff in den havarierten Reaktor zu leiten, was bis zum 6. Mai zu einer erheblichen Reduktion der Aktivität führte.[78] Unterdessen drohte sich eine heiße Masse aus geschmolzenen Brennelementen am Reaktorboden ins Erdreich und damit zum Grundwasser durchzubrennen. Es bestand das Risiko einer weiteren, weitaus heftigeren Explosion sowie einer Verseuchung größerer Gebiete in einer nicht absehbaren Dimension. Daher gruben ab Ende Mai hunderte von Bergleuten in vier Wochen einen 130 Meter langen Tunnel unterhalb der Unglücksstelle, der anschließend mit Beton verfüllt wurde, um ein Durchschmelzen des Reaktorkerns in den Grundwasserbereich zu verhindern.[79]

Vor dem baulichen Einschluss der Unglücksstelle galt es, die bei der Explosion aus der Reaktorhalle geschleuderten Bruchstücke aus Graphit, Brennelementen und Maschinenteilen zu entfernen. Insbesondere die auf dem Dachbereich herumliegenden Trümmer stellten durch ihre hohe Strahlungsintensität eine ernsthafte Behinderung für die weiteren Aufräumarbeiten dar. Der Versuch, diese Arbeit mittels ferngesteuerter Roboter u. a. aus Deutschland und Japan zu erledigen, zeigte nur begrenzten Erfolg. Die Hightech-Maschinen verhedderten sich im Schuttgewirr oder blieben in der noch immer heißen Teerpappe auf dem Dach stecken. Daneben setzte die hohe Strahlungsintensität die empfindliche Elektronik rasch außer Gefecht.[80] Wo die Maschinen versagten, mussten Menschen diese Tätigkeiten verrichten. 600 000–800 000 Personen waren von Mai bis November 1986 direkt an der Unglücksstelle sowie in der näheren Umgebung mit der Beseitigung der Folgen der Havarie beschäftigt. Diese »Liquidatoren« setzten sich aus Zivilisten sowie Offiziersschülern und Reservisten aus den verschiedenen Waffengattungen zusammen.[81]

Wegen des Mangels an Geigerzählern, Dosimetern und Atemschutzmasken für die bevorstehende Arbeit improvisierte man vor Ort: Wie schon bei den Unglücken auf sowjetischen Atom-U-Booten griff man auf die vorhandenen Anzüge zur chemischen Kriegsführung, Gummihandschuhe und Gasmasken zurück. Dazu schützte eine 20 kg schwere Bleischürze den Körper vom Hals bis zum Unterleib, viele Liquidatoren ergänzten ihre Kluft durch selbst angebrachte Bleistücke. Je nach Aufgabe und Ort war die Zeit des Einsatzes von einer halben Stunde über einige Minuten bis unter 50 Sekunden beschränkt. Nach Schätzungen nahmen sie in der kurzen Zeit von wenigen Minuten durchschnittlich das Dreißigfache der Jahresdosis an natürlicher Strahlung auf. Entgegen den Planungen dauerten diese Arbeiten an der unmittelbaren Unfallstelle bis Ende November 1986 an.[82] Die genaue Zahl der als Liquidatoren tätigen Personen ist ebenso unbekannt, wie der Anteil der durch diese Arbeit Erkrankten oder Verstorbenen.[83]

Diese Aufräum- und Dekontaminierungsarbeiten waren unumgänglich für den vierten und letzten Schritt zur Bewältigung des Reaktorunglücks: die Versiegelung der Unfallstelle gegen die Außenwelt. Mitte Mai nahm eine eigens dafür einberufene Baukommission ihre Arbeit auf.

Ziel war es, eine Schutzhülle, die schon bald den inoffiziellen Namen »Sarkophag« erhielt, innerhalb kürzester Zeit zu errichten. Die Bedingungen vor Ort sowie die angeschlagene Statik des Gebäudes erzwangen unkonventionelle Lösungen für das ohnehin schon gigantische Bauvorhaben. Daher entschied man sich für eine Konstruktion aus Stahlbeton, bei der die einzelnen Stahlelemente vorgefertigt und dann vor Ort miteinander verschweißt wurden. Das entstandene Stahlskelett wurde mit Beton aufgefüllt, die Außenwände erhielten als zusätzliche Stabilität riesige Strebepfeiler.[84]

Das Bauvorhaben überschritt Können und Kapazitäten der sowjetischen Industrie. Von Spezialgeräten aus dem Westen unterstützt, verschlang der »Sarkophag« über 600 000 t Beton und mehr als 7 000 t Stahl.[85] Am Ende der Arbeiten hisste ein »Freiwilligentrupp« am 1. Oktober 1986 – wohl in Analogie zum Sieg im Mai 1945 – die rote Flagge am Ablaufkamin des Atomkraftwerks, 5 400 Liquidatoren erhielten als Zeichen des Danks einen eigens geschaffenen Orden.[86] Eigentlich für 20 bis 30 Jahre ausgelegt, zeigten sich schon 1991 erste Risse an dem Mammutbauwerk, womit die Diskussion um den Bau einer neuen Schutzhülle begann.[87]

Das Unglück im Spannungsfeld zwischen Glasnost und Kaltem Krieg

So martialisch die Rhetorik in der Sowjetpresse über die Bezwingung des »unsichtbaren Feindes« berichtete, so hilflos waren die anfänglichen Reaktionen im Moskauer Kreml.[88] »Wenn wir die Öffentlichkeit informieren, sollten wir sagen, dass das Kraftwerk gerade renoviert wurde, damit kein schlechtes Licht auf unsere Ausrüstung geworfen wird«, schlug Michail Gorbatschow zu Beginn der ersten Sitzung der Operativen Gruppe des Politbüros am 29. April 1986 vor. Da der durch Satellitenbilder belegte Unfall durch die in Skandinavien gemessenen Werte schon internationale Dimensionen erreicht hatte, blieb den Verantwortlichen nichts anderes übrig, als genauere Informationen herauszugeben. Dabei erfuhren jedoch nicht alle Adressaten das Gleiche. Gemäß dem Blockdenken schlug Ministerpräsident Ryshkow vor, eine Mitteilung für das Inland, eine für die sozialistischen Bruderstaaten und eine Variante für den Westen zu verfassen.[89] Sowohl Gorbatschow als auch Ryshkow haben im Nachhinein ihr Handeln in den damaligen Wochen und Tagen immer wieder verteidigt.

Nach dem Bekanntwerden der ersten TASS-Meldung überschlugen sich die ausländischen Westliche Medien mit tatsächlichen aber vor allem vermeintlichen Schreckensnachrichten: *Nuke Nightmare* und *Atom Horror* waren die Aufmacher, das britische Boulevardblatt »The Sun« zierte seine Schlagzeile *2 000 Dead Riddle* am 30. April 1986 mit einem Atompilz und dem Untertitel *Disaster in Russia*.[90] Wildeste Spekulationen über »Todeswolken« und eine Massenpanik in Kiew machten die Runde. So meldete die englische Presse unter Berufung auf »westliche Geheimdienstkreise« am 4. und 5. Mai 1986 den Tod von fünf Atomexperten bei einem Hubschrauberabsturz, der jedoch später nie eine Bestätigung fand.[91] Als die Moskauer Regierung die Leiter der Regierungskommission sowohl aus gesundheitlichen Gründen als auch wegen der immensen Arbeitsbelastung in einem Rotationsverfahren auswechselte, verbreiteten westliche Zeitungen prompt Gerüchte um eine »Ablösung« des stellvertretenden Ministerpräsidenten, angeblich »ohne Angabe von Gründen«.[92]

Über den Ursprung der Anfang Mai kolportierten Zahl von 2 000 Todesopfern gibt es verschiedene Erklärungen. Nach dem Historiker Serhii Plokhy entstammte diese Information einem Telefongespräch, dass der Moskauer United Press International-Korrespondent am 29. April 1986 mit einer Einwohnerin von Kiew geführt hatte. Doch diese sprach von 80 Toten und 2 000 Personen, die sich zur Untersuchung oder Behandlung in Krankenhäuser begeben hatten. Als eine weitere Quelle findet sich ein vom niederländischen Amateurfunker Annis Kofman abgehörtes Funkgespräch angeblich von einem Bauarbeiter des Tschernobyler Kraftwerksgeländes mit einem Amateurfunker in Japan. Dabei soll eine Person auf Englisch »mit starkem russischem Akzent« von 2 000 Toten und einer Kernschmelze in einem zweiten Reaktor berichtet haben. Ob diese Kommunikation so stattfand oder möglicherweise Dritte Gerüchte verbreiten wollten, um Moskau zu genaueren Informationen zu zwingen, ist bis heute nicht geklärt. Auf Grundlage von Satellitenbildern verbreiteten jedoch auch die USA die Nachricht von einem zweiten havarierten Reaktor, nahmen diese aber wenig später als fehlerhaft zurück.[93]

Die sowjetische Seite reagierte in den Reflexen des Kalten Krieges äußerst gereizt. Schon nach der ersten kurzen Nachricht über das Reaktorunglück schickte die staatliche Nachrichtenagentur TASS am Abend des 28. April einen längeren Text mit einer Liste von 2 300 Störfällen in westlichen Atomanlagen über den Ticker. Sowjetische Presseorgane, wie die »Prawda«, überschlugen sich die nächsten Tage mit Berichten über Unfälle bei Atomtests in Nevada und Harrisburg, der »amerikanischen Fabrik« in Bhopal sowie verunglückten Raketen.[94] Symptomatisch für das vergiftete Klima war die Antwort des sowjetischen Botschaftssekretärs in Washington, Vitali Tschurkin (1952–2017), auf die Frage nach den Ursachen des Reaktorunglücks: »Können Sie mir mit Sicherheit sagen, warum ›Challenger‹ explodiert ist?«[95]

Gorbatschow beendete diese verbale Schlammschlacht, indem er alle Botschafter über das Wochenende vom 24. bis 25. Mai 1986 nach Moskau beorderte, um neue Richtlinien zu erteilen. Dabei forderte er von den Diplomaten mehr »taktische Flexibilität« und kritisierte das »grob ungeschickte« Agieren, das er auf eine jahrzehntelange Verkrustung in der Außenpolitik zurückführte.[96]

Doch seine Regierung war an dem schlechten Bild, das die Sowjetunion im Mai 1986 abgab, nicht ganz unschuldig. Stellten die nur allmählich durchsickernden Informationen auch für die Regierung in Moskau ein ernsthaftes Problem dar, so tat die jahrzehntelang betriebene Geheimniskrämerei gegenüber Medien und Bevölkerung ein Übriges: Berichte mit brisantem Inhalt blieben unter Verschluss, Bilder vom Unglücksort wurden retuschiert, das Ausmaß der Katastrophe beharrlich heruntergespielt. So erklärte der stellvertretende sowjetische Gesundheitsminister Oleg Schtschepin (1932–2019) zur Strahlenbelastung Ende Mai lapidar, dass »20 Zigaretten am Tag der Gesundheit mehr schaden, als der ständige Aufenthalt in der 30 Kilometer-Zone um Tschernobyl.«[97]

Nach einer langen Phase des Schweigens wandte sich Gorbatschow am 14. Mai 1986 an die Öffentlichkeit. In einer 20-minütigen Fernsehansprache wies er die Kritik an der zögerlichen Informationspolitik zurück. Den USA und deren engsten Verbündeten, darunter besonders der Bundesrepublik Deutschland, warf er vor, das Reaktorunglück in der Ukraine zum Anlass genommen zu haben, den Ost-West-Dialog zu blockieren. Doch Tschernobyl sei ein »weiteres Alarmsignal dafür, dass die nukleare Epoche ein neues politisches Denken erfordere.« Dazu schlug Gorbatschow ein Vier-Punkte-Programm zur Vertiefung der internationalen Zusammenarbeit bei Kernkraftwerksproblemen vor. Zugleich verband er die Gefahren der zivilen und der militärischen Kernenergie und nahm das Unglück zum Anlass, seine Forderung nach der Abschaffung aller Nuklearwaffen zu wiederholen, wozu die Sowjets ihr Atomtestmoratorium bis zum 6. August 1986, dem 41. Jahrestag der Zerstörung Hiroshimas, verlängerten.[98]

Das Nachspiel im Moskauer Politbüro

Nach der Bewältigung der schlimmsten Gefahren galt es die Konsequenzen aus dem Unglück zu ziehen. Dies betraf nicht nur die Unfallursache und das Krisenmanagement, sondern den ganzen zivilen Atomsektor. Die geheime Sitzung des Moskauer Politbüros vom 13. Juli 1986 wurde zu einem Wendepunkt in der friedlichen Nutzung der Atomkraft in der Sowjetunion. Die achtstündige Konferenz leitete der Generalsekretär persönlich. Auf der Agenda stand die Frage nach den Ursachen des Reaktorunglücks und den Konsequenzen für den weiteren Ausbau der Kernenergie.[99] Der Bericht des Leiters der Regierungskommission, Boris Schtscherbina, sorgte für ein böses Erwachen: Demnach war es im Zeitraum von 1981 bis 1985 in sowjetischen Atomanlagen zu 1 042 Zwischenfällen gekommen, davon gingen 381 auf das Konto der RBMK-Reaktoren. Allein Tschernobyl verzeichnete in diesen vier Jahren 104 Störfälle. Nikolai Ryshkow resümierte:»Wäre der Unfall jetzt nicht passiert, hätte er sich nach Stand der Dinge jederzeit ereignen können.«[100]

Empört wandte sich Gorbatschow an die anwesenden Experten mit der Frage, warum dieser Reaktortyp überhaupt zugelassen worden sei. Sowohl den verantwortlichen Minister, Jefim Slavsky (1898–1991), als auch den Leiter des Kurtschatow-Instituts, Anatoli Aleksandrow, überhäufte der Generalsekretär mit vorwurfsvollen Fragen. Als Konsequenz bat der 83-jährige Aleksandrow darum, von seinen Ämtern entbunden zu werden, Minister Slawsky folgte ihm im November 1986 »aus gesundheitlichen Gründen«.[101]

Die Ausführungen von Aleksandrows Stellvertreter Valeri Legassow (1936–1988) kamen einem Offenbarungseid gleich. Der Nuklearexperte sprach nicht nur die gravierenden Konstruktionsmängel des RBMK-Reaktors an, sondern erklärte, dass auch die Druckwasserreaktoren (VVER) nach nationalen sowie internationalen Sicherheitsvorschriften nicht in Betrieb hätten gehen dürfen. Nachdem der Vorsitzende der Internationalen Atombehörde (IAEA), Hans Blix (*1928), schon am 5. Mai 1986 den Unglücksort aufgesucht und mit den zuständigen Behörden gesprochen hatte, erhielt Legassow den Auftrag, einen Bericht für die Atombehörde über den Unfallhergang anzufertigen, den er im August 1986 in Wien vortrug. Die Konstruktionsmängel fanden sich in diesem Memorandum nicht, dafür gab der Verfasser als Ursache »menschliches Versagen« an. Erst nach dem Zusammenbruch der Sowjetunion folgte ein zweiter Bericht, in dem nun auch die schon 1986 u. a. von Legassow festgestellten technischen Mängel ihre ausreichende Würdigung fanden.[102]

Ungeachtet dieser offiziellen Verlautbarung war den Teilnehmern jener Politbürositzung klar, dass das ganze Atomprogramm der Sowjetunion auf dem Spiel stand. Da man nicht alle Atomanlagen einfach abschalten konnte, mussten schrittweise alle RBMK-Reaktoren nachgerüstet werden. Doch mit einigen Modifikationen war es nicht getan: Die Sitzung vom 13. Juli 1986 markierte im Grunde das Aus für den RBMK.[103] Energiepolitisch rächte sich nun der einseitige Ausbau der Kernkraft ebenso wie das Konzept großer atomarer Energiekomplexe. Nach dem Unfall von Tschernobyl konnte das Land weder den Verpflichtungen von Stromlieferungen an die sozialistischen Bruderstaaten nachkommen noch die Versorgung im eigenen Land gewähren. So kam es im September 1986 zu ersten Stromengpässen in der Sowjetunion, in einem Leitartikel rief die »Prawda« zum Stromsparen auf.[104] Unter diesem Druck beeilte man sich, das Kraftwerk Tschernobyl wieder ans Netz gehen zu lassen. Ende 1986 fuhren die Blöcke 1 und 2 wieder hoch, auch der unmittelbar neben dem Unglücksreaktor liegende Block 3 sollte wieder ans Netz gehen, was aber wegen der hohen Strahlenbelastung erst im September 1987 gelang. Aus dem gleichen Grund gab man die Arbeiten an den fast fertigen Blöcken 5 und 6 im Laufe des Jahres 1987 auf.[105]

Teilnehmer der Konferenz vom 13. Juli 1986 war auch der ehemalige Kraftwerksdirektor Viktor Brjuchanow. In einem gut 15-minütigen Vortrag schilderte er seine Sicht der Dinge. Abschließend konfrontierte Gorbatschow ihn lediglich mit einer Frage: »Sie wissen, was in Three-Miles-Island passiert ist?« Brjuchanow antwortete »Ja«.[106]

Der Kreml-Chef hatte offenbar schon seinen Stab über Brjuchanow gebrochen. Ende Mai 1986 als Kraftwerksdirektor entlassen, erfolgten unmittelbar nach der Konferenz sein Parteiausschluss und im August die Verhaftung. Im Juli 1987 machten die Behörden Brjuchanow, dem ehemaligen Chefingenieur Nikolai Fomin (*1937), seinem in der Unglücksnacht für den Test verantwortlichen Stellvertreter Anatoli Djatlow und drei weiteren leitenden Mitarbeitern in der Stadt Tschernobyl den Prozess. Brjuchanow wurde vor allem sein Fehlverhalten in den Stunden nach dem Unglück, als er die Strahlenbelastung unterschätzte, zum Verhängnis, Fomin die nicht sachgerechten Anweisungen für den fatalen Sicherheitstest und Djatlow die Missachtung der Vorschriften bei der praktischen Durchführung. Alle drei erhielten jeweils eine Strafe von zehn Jahren Arbeitslager, die restlichen Angeklagten verurteilte das Gericht zu drei bis fünf Jahren.[107] Die Botschaft des Urteils war klar: Nicht die Technik und schon gar nicht das System, sondern Menschen tragen Schuld an der bisher größten zivilen Nuklearkatastrophe in der Geschichte der Menschheit!

Die Folgen für die Umwelt

Ab Juli 1986 stampfte man in einem Kraftakt für die Bewohner Pripjats 50 Kilometer weiter östlich die Siedlung Slavutic aus dem Boden, während die alte Heimat zur Geisterstadt mutierte. Gerne wird Pripjat als »Pompeji des 20. Jahrhunderts« bezeichnet, das wie eine Zeitkapsel im Augenblick der Katastrophe stehen geblieben ist. Doch die Analogien zwischen beiden Orten gehen noch weiter. Demonstrierte die Stadt am Golf von Neapel mit ihren Plätzen, Thermen und Tavernen, zu welcher Leistung das Römische Reich fähig war, so zeigt Pripjat mit seinen Kinderkrippen, Sportstätten und Kinos, wie sich die Sowjetunion die Idealstadt im kommunistischen System vorstellte. Wenn auch nicht in den Dimensionen wie in Pompeji avanciert der Unglücksort in der Ukraine inzwischen zu einem internationalen »Touristenmagnet« als Zeugnis einer gewaltigen Katastrophe. Das ist eine »Ehre«, auf die die ehemaligen Einwohner von Pripjat wohl gerne verzichtet hätten.[108]

Die Belastung vor Ort ist nach wie vor derartig hoch, dass die Pläne einer Wiederbesiedlung in den 1990er-Jahren aufgegeben werden mussten. Neben der unmittelbar durch die Explosion freigesetzten Radioaktivität machten die bei dem mehrtägigen Graphitbrand und der weiterlaufenden Kettenreaktion im Rest des Reaktors entstandenen Spaltstoffe sowie die durch die Gegenmaßnahmen (Sandabwurf, Stickstoffkühlung, Löschwasser) in die Biosphäre gelangten radioaktiv verseuchten Partikel eine Wiederbesiedlung unmöglich. Entgegen älterer Annahmen war der eigentliche Unfall in der Nacht vom 26. April 1986 dabei nur für 15–21 % der gesamten radioaktiven Belastung verantwortlich.[109]

Die Schätzungen über die tatsächliche Menge der bei dem Reaktorunglück freigesetzten Strahlenmengen gehen auch nach über drei Jahrzehnten weit auseinander. Je nach Quellen und Zählweisen reichen diese von etwa 30 Millionen Curie bis zum zehnfachen, ja in manchen Fällen dem hundertfachen Wert. Ebenso verhält es sich mit dem wissenschaftlich nicht unproblematischen Vergleich zur Strahlenbelastung mit Atomexplosionen, bei denen die ökologischen Folgen von Tschernobyl mit einer Strahlenemission von 100 bis zu 2 000 Hiroshima-Bomben reichen. Die starken Abweichungen in den Angaben entstehen dadurch, dass es sich nicht um eine Messung der realen Werte zum Unglückszeitpunkt handelt, sondern um theoretische Rechenmodelle, bei denen – je nach Informationsstand – sehr unterschiedliche Angaben zum entwichenen Uranbrennstoff zu Grunde liegen oder die Emission anhand eines der über 200 freigesetzten Spaltprodukte berechnet wird.[110] In jedem Fall aber entwichen 100 % der im Reaktor befindlichen radioaktiven Edelgase. Von den leicht flüchtigen Spaltstoffen waren es 10–20 %, an schwerflüchtigen Stoffen wie u. a. Barium, Strontium und Plutonium waren es mindestens 3–6 %.[111]

Infobox 2: INES – oder wie bewertet man Atomunfälle?

Als Konsequenz aus der unbefriedigenden und teils widersprüchlichen Informationspolitik nach der Reaktorkatastrophe von Tschernobyl erarbeiteten Experten der Internationalen Atomenergiebehörde (IAEA) und der Kernenergieagentur der Organisation für wirtschaftliche Zusammenarbeit (OECD/NEA) 1989 unter dem Namen »International Nuclear and Radiological Event Scale« (INES) eine Bewertungsskala für Vorfälle bei der zivilen Nutzung der Kernkraft. Diese soll Ursache, Verlauf sowie Folgen von Zwischenfällen verständlich und nachvollziehbar zusammenfassen. Die siebenstufige Maßeinheit reicht von INES 1 (= Störungen) über INES 2–3 (= Störfälle) bis zu INES 4–7 (= Unfälle). Die Kategorie INES 7 (= katastrophaler Unfall) gilt als absolut höchste Einstufung. Um auch kleinere Probleme zu erfassen, fügte die IAEA in den 1990er-Jahren die Stufe INES 0 (= nicht oder kaum sicherheitsrelevante Ereignisse) hinzu.[112] Diese im März

1990 der Öffentlichkeit vorgestellte Skala nutzen mittlerweile über 60 Staaten, seit 2006 werden auch Zwischenfälle im Bereich der medizinischen und industriellen Anwendung sowie beim Transport von radioaktiven Materialien durch INES kategorisiert. Ab INES 2 besteht eine Meldepflicht bei der IAEA in Wien.

Rückwirkend erhielt das Reaktorunglück von Tschernobyl die Höchststufe INES 7 und der lange geheim gehaltene Kyschtym-Zwischenfall von 1957, bei dem in einer Atomanlage ein Abwassertank mit radioaktiven Substanzen explodierte, INES 6. Unter INES 5 ordnete man den Reaktorbrand von Windscale 1957 und den Atomunfall von Harrisburg 1979 ein. Ursprünglich in INES 5 oder INES 6 eingeordnet, bewertete die IAEA das Atomunglück von Fukushima im April 2011 später mit der Höchststufe INES 7.[113]

Der überwiegende Teil der schwerflüchtigen Stoffe ging im Umkreis von 250 Kilometer nieder und besiegelte u. a das Schicksal von Pripjat und den umliegenden Dörfern, die in einer 4 300 Quadratkilometer großen Sperrzone liegen. Über 145 000 Quadratkilometer gelten bis heute als stark bis mittelschwer kontaminiert, davon 42 000 Quadratkilometer in der Ukraine, 46 000 Quadratkilometer in Belarus und 57 000 Quadratkilometer in Russland.[114]

Spuren von Tschernobyl finden sich auf der gesamten Nordhalbkugel von Westeuropa bis nach Japan. So lagerten sich z. B. 2 % aller Cäsium-Isotope in Schweden ab. Ursache waren Warmluftströmungen vom Schwarzen Meer, die zur Zeit des Unfalls die radioaktiven Partikel in Richtung Nordwesten nach Polen über die Ostsee nach Skandinavien transportierten.

Nach den ersten Meldungen beschwichtigte Bundesforschungsminister Heinz Riesenhuber (*1935): »Wegen der Windverhältnisse rechne ich nicht damit, dass die Atomwolke auf Deutschland zutreibt.«[115] Ein von der Biskaya bis zur Ostsee reichendes Zwischenhoch lenkte jedoch die Luftströmungen in südwestliche Richtung. Der Wind drehte. Am 29. April 1986 registrierten die ersten Messgeräte in Berlin und Bayern radioaktive Partikel in der Luft. Am 30. April 1986 waren die Wolken aus Tschernobyl über Deutschland.[116]

2   »Eine Gefährdung der Bevölkerung in der Bundesrepublik ist absolut auszuschließen«

Die ersten Anzeichen für das Ausmaß des in der Ukraine sich abspielenden Unheils in der gut 1 500 Kilometer vom Unfallort entfernten Bundesrepublik Deutschland zeichneten sich am Dienstagmorgen, den 29. April 1986 ab. Während ein Teil des Personals der sowjetischen Botschaft in Bonner Apotheken nach Medikamenten »gegen Strahlenschäden« fragte, wurden die Mitarbeiter des Deutschen Atomforums beim Arbeitsantritt um 08:00 Uhr vom Zweiten Sekretär der Botschaft erwartet. Der Gast bat sogleich um Ratschläge, »was man um Himmelswillen tun könne, wenn in einem Kernkraftwerk Graphit brenne«. Die Mitarbeiter des Atomforums verwiesen den Botschaftssekretär an die Gesellschaft für Reaktorsicherheit in Köln und das Kernforschungszentrum Karlsruhe, zudem wurde das Auswärtige Amt eingeschaltet. Umgehend bot dort Staatssekretär Jürgen Ruhfus (1930–2018) Hilfe an. So stünden für diesen Fall sowohl ferngesteuerte Roboter als auch ausgebildete Einsatzkräfte der Kernforschungsanstalt Jülich und des AKW Obrigheim bereit. Der sowjetische Botschafter dankte umgehend und leitete die Offerte nach Moskau weiter.[1]

Erst seit wenigen Tagen in Amt, hatte der zuvor als Gorbatschows Chefunterhändler bei den Genfer Abrüstungsgesprächen tätige Julij Kwizinskij (1936–2010) an diesem Dienstag ursprünglich seinen Antrittsbesuch im Auswärtigen Amt geplant. Doch an die Stelle der üblichen diplomatischen Plaudereien traten jetzt die im Schatten des Reaktorunglücks sich aufdrängenden Fragen. Um 22:00 Uhr informierte Kwizinskij den Bundesinnenminister Friedrich Zimmermann (1925–2012) über die ihm bekannten Einzelheiten des Reaktorunglücks und erklärte »dass man die Lage unter Kontrolle habe«. Zimmermann dankte für die Auskunft und bot im Gegenzug Unterstützung an, erwartete aber bei neuen Entwicklungen, dass die Bundesregierung benachrichtigt werde.[2]

Schon vor diesem Gespräch war ein hektisches Treiben in den Bonner Regierungsbehörden zu beobachten. Während Bundeskanzler Helmut Kohl auf seiner Asienreise von Neu Delhi aus der Sowjetunion Hilfe anbot, versuchten die zuständigen Stellen in Bonn, Näheres über das Reaktorunglück zu erfahren. Dabei standen das seit 1973 für Reaktorsicherheit zuständige Bundesinnenministerium und das mit Atomfragen betraute Bundesministerium für Forschung und Technologie im Fokus.[3] Beide verbreiteten am 29. April fast wortgleiche Verlautbarungen über den Reaktorunfall, worin sie die Sicherheit der deutschen Kernanlagen hervorhoben, einen ähnlichen Unfall auf bundesdeutschem Gebiet ausschlossen, und betonten, dass von der freigesetzten Radioaktivität keine Gefahr ausginge.[4]

Der Bundesinnenminister will die Öffentlichkeit beruhigen

Während das Forschungsministerium seit dem späten Montagabend versuchte, sich einen genaueren Überblick zu verschaffen, wies der Bundesinnenminister die in seinem Haus ansässige Strahlenschutzkommission schon am späten Nachmittag des 28. April an, mit Luftmessungen im ganzen Bundesgebiet zu beginnen. Eine ähnliche Aufforderung erging an seine Amtskollegen auf Länderebene. Am Nachmittag des 29. Aprils trat Friedrich Zimmermann vor die Kameras. In einem inzwischen in die Annalen eingegangenen Interview mit dem »Tagesschau«-Redakteur Harald Brand (1941–2018) antwortete der Minister auf die Frage, ob »ein Gefährdung der Bevölkerung in der Bundesrepublik auszuschließen sei« mit »Ja, absolut auszuschließen. Denn eine Gefährdung besteht nur in einem Umkreis von 30 bis 50 Kilometer um den Reaktor herum. [...] Wir sind 2 000 Kilometer weg. Messungen, wie sie in Skandinavien stattgefunden haben, könnten zehn-, zwanzigfach höher ausfallen in den Werten, dann wäre es immer noch keine Gefährdung.«[5]

Obgleich zu diesem Zeitpunkt die tatsächlichen Erkenntnisse über das Reaktorunglück auch in Bonn noch recht dürftig waren, war der Minister mit diesen Aussagen sehr weit vorgeprescht, was sich die nächsten Tage und Wochen rächen sollte. Die erste Mahnung kam schon wenige Stunden später aus einer unerwarteten Ecke. In einem »Tagesthemen«-Kommentar warnte Hans Lechleitner (*1930) vom Bayerischen Rundfunk davor, voreilige Schlüsse zu ziehen: »Auch hierzulande würde ich

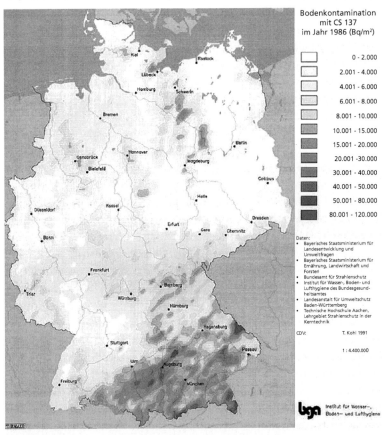

Abb. 4: Bodenbelastung Deutschlands im Mai 1986 mit Cäsium-137.

dem Innenminister und dem Forschungsminister lieber nicht glauben, wenn sie sagen, dass so etwas bei uns ganz unmöglich sei.« Über die aktuelle Situation resümierte der Wissenschaftsredakteur »Unser Schicksal wird vorerst nicht nur vom Zufall, sondern auch von der Windrichtung abhängen.«[6] Lechleitner ahnte wohl nicht, wie sehr die Ereignisse der nächsten Tage ihn bestätigen sollten.

Noch am 30. April titelten die bundesdeutschen Zeitungen *Gefahr allenfalls bei Ostwind* und *Der Wind darf nicht von Osten kommen*[7] Doch der Wind drehte. Am Abend vor dem 1. Mai fing es in mehreren Teilen der Bundesrepublik an zu regnen. Insbesondere in Bayern und den östlichen Teilen Baden-Württembergs gingen starke Wolkenbrüche nieder, deren Folgen bis heute in den Waldböden zu messen sind. In manchen Regionen betrug Mitte Mai 1986 die Belastung um das 400-fache über den vorher gemessenen Werten. Auf einer Wiese bei Bad Wurzach in Oberschwaben ergaben Messungen der Behörden Jod-131- Werte »an der Katastrophengrenze« von 50 000 Becquerel, im Bayerischen Wald fanden sich »Hotspots« mit bis zu 100 000 Becquerel Cäsium-137 pro Quadratmeter.[8]

Infobox 3: Ein neues Wort macht die Runde: Becquerel

»Tschernobyl ist nicht überall. Aber seit der Katastrophe ist vieles anders. So müssen wir uns mit neuen Vokabeln vertraut machen, die bisher nicht zu unserem Alltags-Wortschatz gehörten: Gammadosisleistung, Störfallgrenzwert, Dekontamination, Ganzkörperdosis. […] Und wir werden die verschiedenen Meßeinheiten für radioaktive Konzentrationen erlernen müssen: Millirem und Mikroröntgen, Picocurie, Bequerel und Sievert […]« Mit diesen Worten beschrieb Günter Hollenstein (*1954) in der »Frankfurter Rundschau« im Mai 1986, was die Bevölkerung eine Woche nach Tschernobyl bewegte. Ob Lebensmittel, Boden-, Wasser- oder Luftproben – in allen Bereichen des Lebens war plötzlich von »Becquerel« die Rede.[9]

Die nach dem französischen Physiker Antoine Henri Becquerel (1852–1908) benannte Einheit »Bq« beschreibt das Ausmaß des radioaktiven Zerfalls in einer Substanz: Wenn ein Atom pro Sekunde zerfällt, so beträgt der Wert 1 Bq.[10] Über Masse und Beschaffenheit der Materie sagt diese seit 1975 international gültige Größe aber ebenso wenig etwas aus, wie über die darin befindlichen radioaktiven Elemente, Strahlenarten sowie die Auswirkungen. Über diese sogenannte »Energiedosis« geben Einheiten wie »Sievert« und »Gray« Auskunft.

Eine wichtige Rolle spielt die Größe Becquerel z. B. in der Lebensmittelüberwachung. In den 1986 vom Fallout stark betroffenen Waldgebieten finden sich immer noch Wildschweine mit einer hohen radioaktiven Belastung durch Cäsium 137. Liegt der EU-Handelsgrenzwert für Fleisch bei 600 Bq/kg, so ergaben Stichproben in Bayern Werte von bis zu 48 000 Bq/kg. Im tschechischen Atomkraftwerk Temelín löste 2015 ein Mann beim Betreten der Anlage einen Strahlenalarm aus, nachdem er zuvor einen Wildschweinbraten gegessen hatte.[11]

Verunsicherung und Verwirrung nach den ersten Regenschauern

Wie schon in Dänemark setzte ab dem 29. April in der Bundesrepublik der Run auf Jodtabletten ein.[12] Bis zum 3. Mai waren in den meisten Apotheken die rezeptfrei erhältlichen Jodpräparate ausverkauft, es kam sogar zu Engpässen bei Lieferungen der Basissubstanz Kaliumjodid. In der falschen Hoffnung, gegen den Tschernobyl-Fallout nun immun zu sein, konsumierten zahlreiche Bundesbürger die Tabletten offenbar wie Hustenpastillen: »Beim ›Tanz in den Mai‹ Anno 1986 war bei vielen nicht nur der obligatorische Maibock dabei, sondern auch ein Döschen mit Jodpillen« meldeten die Ruhr-Nachrichten.[13] Die Folgen blieben nicht aus. Seit dem 2. Mai stand das Infotelefon in der Giftzentrale der Mainzer Universitätskliniken nicht mehr still: Zahlreiche Anrufer berichteten von Symptomen, die typisch für eine übermäßige Einnahme von Jodpräparaten waren. Zu allem Überfluss blockierte der Ansturm überdies den eigentlichen Zweck des Infotelefons. Notrufe wegen anderer Vergiftungen kamen kaum noch durch.[14]

Einen ähnlichen Ansturm erlebten die Infotelefone der Wetterdienste. Da die Strahlung für den menschlichen Organismus nicht wahrnehmbar war, machte sich ein Gefühl des Ausgeliefertseins in allen Bereichen des Lebens rasch breit. Dies traf die Bevölkerung umso härter, da sich im Frühjahr 1986 der Winter in den meisten Regionen Deutschlands sehr lange gehalten hatte und man deshalb zwischen Walpurgisnacht und Christi Himmelfahrt bei den ersten milden Temperaturen ins Freie drängte. Die in dieser Jahreszeit nicht unüblichen Schauer blieben auch diesmal nicht aus, sorgten jedoch für ungeahnte Konsequenzen. Bei den ersten Regentropfen ergriff viele Menschen Panik. »Bloß nicht nasswerden« war die Parole.

So ließen in dieser Situation die Gäste eines Biergartens in Regensburg alles stehen und liegen und suchten vor dem plötzlichen Regenguss ihr Heil in der Flucht – bei der Begleichung der offenen Rechnungen hatte mancher Gastwirt das Nachsehen. An anderen Orten sperrten Cafés, Restaurants oder Weingüter gleich ihre Terrassen.[15] Ebenfalls eine böse Überraschung erlebten die Besucher des Feuerwerksspektakels »Rhein in Flammen«, das am 3. Mai 1986 erstmals auch in der Bundeshauptstadt Bonn stattfand. Weit mehr als 300 000 Gäste hatten sich bei freundlicher Witterung am Rheinufer eingefunden. Dem abendlichen Feuerwerk folgte ein warmer, aber ausgedehnter »Landregen«.[16] Während die Einsatzkräfte vorgewarnt worden waren und teils die Anweisung erhielten, nach dem Fest »mit kompletter Kluft unter die Dusche zu gehen«, traten unzählige Besucher bis auf die Haut durchnässt den Heimweg an.[17] Der Wolkenbruch hatte ein juristisches Nachspiel. Im Juli 1986 verklagten 37 Personen die Organisatoren der Stadt Bonn wegen Körperverletzung, da diese nach Einsetzen des Regens die Veranstaltung weder abgebrochen noch Warnhinweise zu möglichen Fallout gegeben hatten.[18]

Selbst die Fußballbundesliga blieb von den Ereignissen nicht verschont. Während die DFB-Pokalendspiele der Damen und Herren am Nachmittag des 3. Mai bei Sonnenschein im Berliner Olympiastadion ohne Probleme verliefen, fand der vorletzte Spieltag der 2. Liga tags darauf unter Auflagen statt. Im Kasseler Auestadion, wo die Gäste von Blau-Weiß 90 Berlin den Aufstieg in die Bundesliga perfekt machen wollten, ergaben Messungen der zuvor niedergegangenen Schauer Spitzenwerte von bis zu 5 400 Bequerel pro Liter. Folglich ordnete das hessische Landesamt für Umwelt kurz vor Spielbeginn an, den Rasen gründlich zu wässern. Für die Dauer der Begegnung blieb der Regen aus, doch nach dem Spiel mussten beide Mannschaften nicht nur gründlich duschen, Trikots und Schuhe wanderten zur »Entseuchung« in Plastiksäcken für eine spezielle Reinigung.[19] In Rheinland-Pfalz staunten die Zuschauer an Christi Himmelfahrt 1986 nicht schlecht, als die Hockeydamen des angereisten THC Wiesbaden zwar auf dem Feld erschienen, dann jedoch dem verdutzten Schiedsrichter mitteilten, nicht gegen die Gastgeberinnen des VfL 1848 Bad Kreuznach antreten zu wollen, »da in Hessen Hockeyspiele untersagt seien«.[20]

Wie dem Sport erging es auch der Kunst. Während das Saarländische Staatstheater aus Sorge um gesundheitliche Schäden sein für Mai 1986 vorgesehenes Gastspiel in Warschau verschob, hatten Künstler und Besucher des Pfalzbautheaters in Ludwigshafen am Rhein ihr ganz eigenes »Tschernobyl-Erlebnis«: Schon lange vor dem Reaktorunglück waren drei Opernabende mit dem Ensemble der Kiewer Staatsoper für die zweite Maiwoche in der Chemiestadt geplant. Feuerwehr und Gewerbeamt kontrollierten die Lastwagen aus der Ukraine samt Kostümen und Bühnenausstattung auf radioaktive Belastung und wurden im Inneren fündig. Es handelte sich nur um eine leichte Belastung, die durch Absaugen entfernt werden konnte. Doch die Nachricht von der Dekontaminierung veranlasste die deutschen Bühnenkräfte, ihre Arbeit niederzulegen. Schließlich erklärten sich Mitarbeiter der städtischen Müllabfuhr bereit, die Kulissen aufzubauen. Unterdessen musste das etwa 300-Köpfe starke Ensemble über drei Stunden auf seine Einreise warten, die die bundesdeutschen Behörden erst nach einer Dekontamination bis auf die Haut erlaubten. »Ich bin doch kein Salat«, bemerkte einer der Begleiter. Diesen Ärger ließen sich die Künstler auf der Bühne nicht anmerken, nur Teile der Bühnendekoration zur Oper »Eugen Onegin« waren »etwas verblaßt« – der Strahlenschutz hatte im Eifer des Gefechts neben dem Staub auch die Farbpartikel abgesaugt.[21]

In Bremen riefen verschiedene Bürgerinitiativen und Parteien für den Abend des 7. Mai 1986 auf dem Marktplatz zu einer Anti-Atomkundgebung auf. Als Regen einsetzte, flüchteten die Demonstranten in den nahegelegenen Dom. Da der zuständige Dombauherr die Nutzung von Kanzel und Mikrophon im Gotteshaus untersagte, kam es zu einer heftigen Kontroverse mit dem Domprediger, der wiederum auf der Seite der Demonstranten stand und die Kirche für diese offen hielt. In West-Berlin hingegen waren die Initiatoren einer Kundgebung vorsichtiger und ließen durch die »taz« verkünden: »Keine Demo bei Fallout«.[22]

An mehreren Orten verweigerten die Behörden Messungen oder hielten die Daten zurück. In Göttingen besetzten Demonstranten am 7. Mai 1986 sogar das Büro des Oberstadtdirektors, um die Herausgabe der Messergebnisse zu erzwingen.[23] Das bayerische Umweltministerium in München verteidigte am 5. Mai 1986 den Beschluss, keine Messungen auf Grasflächen und Wiesen durchzuführen mit der Begründung, dass wegen der kalten Witterung »eh niemand barfuß geht«.[24] Der baden-württembergische Umweltminister Gerhard Weiser (1931–2003) wurde unterdessen im »Spiegel« mit den Worten zitiert: »Es gibt keinen Krisenstab, weil es keine Krise gibt.«[25] Der Magistrat der Stadt Frankfurt am Main ließ seinen ABC-Messtrupp gleich im Depot, um Panik zu vermeiden.

An den Flughäfen erwartete Passagiere aus Osteuropa gleich auf dem Flugfeld eine Überprüfung mit dem Geigerzähler, selbst aus West-Berlin ankommende PKWs mussten sich bei der Einfahrt ins Bundesgebiet einer solchen Prozedur unterziehen. Am hessischen Grenzübergang Herleshausen bildete sich auf der Thüringer Seite ein kilometerlanger Rückstau, da die Behörden LKWs aus dem Ostblock auf Radioaktivität überprüften. Ratlos zeigten sich die Behörden über die Frage der Dekontamination. Bundesinnenminister Friedrich Zimmermann hatte Anweisung gegeben, die Fahrzeuge direkt vor Ort durch eine Wagenwäsche zu reinigen. Diese von Feuerwehr und THW aufgebauten »Waschstraßen« bestanden aus einer mit Folien ausgeschlagenen Gasse, in der die Einsatzkräfte in Schutzanzügen die Fahrzeuge reinigten. Das dabei entstandene Schmutzwasser gelangte über Regenablaufrinnen in die Kanalisation. Dies rief Hessens Umweltminister Joschka Fischer (*1948) auf dem Plan. Noch am 1. Mai erschien er am Grenzübergang Herleshausen, wo die Reste der Reinigungsaktion mehr oder minder direkt in die Werra flossen. Umgehend ordnete Fischer an, das Waschwasser aufzufangen und zur Entsorgung der dafür zuständigen Hessischen Industriemüll GmbH zu übergeben. Doch auch hier zeigte man sich ratlos, was mit der strahlenden Brühe von über 200 gereinigten Fahrzeugen zu tun sei. So trennte man sorgsam Sand, Schwermetalle und Öl ab. Das verbliebene Abwasser gelangte samt der Strahlenfracht über die Kanalisation in die Fulda. Als wenige Tage später Gerüchte die Runde machten, dass die Behörden kontaminierte Fahrzeuge durch eine Panzerwaschanlage der Bundeswehr in Fritzlar schleusen wollten, blockierten über 30 Bauern mit ihren Traktoren die Zufahrt, aus Angst, dass das kontaminierte Abwasser auf die nahegelegenen Felder gelangen könnte.[26] Während sich die Sicherheitskräfte in ABC-Schutzanzügen und Geigerzählern an Flug- und Seehäfen sowie den großen Grenzübergängen dem unsichtbaren Feind gegenüber abwehrbereit zeigten, passierten in der ersten Maiwoche die Güterschiffe auf der Donau nahezu ungehindert die österreichisch-bayrische Grenze.[27] Doch nicht alle Schiffe gelangten über die Donau problemlos in den Freistaat. Schon am 3. Mai setzten bayerische Behörden in Passau das 110 Meter lange Flusskreuzfahrtschiff »MS Donauprinzessin« fest, da eine Kontrolle besorgniserregende Werte ergab. Als maßgebliche Quelle der Strahlenbelastung stellten sich die Luftfilter der Dieselmotoren heraus. Die Passauer Feuerwehr musste diese ausbauen und entsorgen. Da jedoch niemand den strahlenden Müll aufnehmen wollte, lagerten die Einsatzkräfte die Filter vorerst im Schlauchturm der Feuerwehrzentrale.[28]

Wie bei den Jodtabletten setzte ab dem 30. Mai ein ähnlicher Ansturm auf Geigerzähler ein. Innerhalb weniger Tage nach Bekanntwerden des Unglücks waren nahezu alle Handmessgeräte ausverkauft. Doch Geigerzähler ist nicht gleich Geigerzähler: Da die günstigeren Geräte oft nur Gammastrahlung messen konnten oder erst bei recht hohen Dosen anschlugen, stellte sich rasch ihre Nutzlosigkeit heraus. Selbst bei höherwertigen Messinstrumenten fehlte oft die Eichung und den Käufern die notwendige Schulung. Messfehler waren daher unvermeidbar.[29]

Auch wenn sich die Strahlenfracht aus Tschernobyl in ihrer Intensität erheblich von den Werten im eigentlichen Katastrophengebiet unterschied, sorgte sie 1 500 Kilometer weiter westlich mancherorts für unübersehbare Probleme. Gleich dem schwedischen AKW Forsmark schlugen auch in deutschen Nukleareinrichtungen die Warnsysteme Alarm – in der irrigen Annahme eines eigenen Strahlenaustritts. Doch die vermeintliche Gefahr kam diesmal von draußen. Am Forschungsreaktor in Garching bei München mussten Fachkräfte erst die automatischen Alarmsysteme außer Betrieb setzen, um in die Anlage gelangen zu können. An verschiedenen Atomkraftwerken passte man die Sicherheitssysteme der neuen Situation an, damit die erhöhten Messwerte nicht zu einer Abschaltung der eigenen Anlagen führten. Probleme anderer Art meldete das Neu-Isenburger Werk der Firma DuPont, das als einziges in der Bundesrepublik die empfindlichen Filme für medizinische Röntgenaufnahmen herstellte. Da die Strahlung aus den Regenfällen die unbelichteten Folien schädigen konnte, mussten sich die Mitarbeiter u. a. verschärften Kontrollen unterziehen.[30]

So gut wie alle Bereiche des alltäglichen Lebens schienen betroffen. Auch kleinere Routinevorgänge standen unter dem Verdikt der Strahlengefahr.

Als wenig hilfreich entpuppten sich dabei die Ratschläge der sogenannten Fachleute: Während Prof. Dr. Heinz Hundeshagen (1928–2017) die Situation mit den Worten »Gefahr null. Auch keine Langzeitgefahr« beschrieb, empfahl seine Bremer Kollege Prof. Dr. Klaus Bätjer, in Wohnungen, in denen die Fenster länger aufstanden, die Teppiche abzusaugen und die Böden zu wischen.[31]

Im Garten stellten plötzlich die Regentonnen ein vermeintliches Sicherheitsrisiko dar. Entledigten sich die meisten des Problems, in dem sie das kontaminierte Regenwasser direkt in die Kanalisation kippten, forderten einige Hobbygärtner, dass der Inhalt ihrer Regentonnen oder die Grünabfälle von den Behörden als Sondermüll abgeholt und fachgerecht beseitigt werden sollte.[32]

Kindern schärfte man ein, keine Erde oder Blätter in den Mund zu nehmen, bundesweit galten vor allem Sandkästen als Tabuzonen. Manche Kita kam in der Not auf die Idee, die Kästen anstelle des Sandes mit Matratzen zu füllen. In Charlottenburg und Unterföhring planten Kindergärten mit ihren Zöglingen kurzzeitig nach Spanien auszuweichen. Die Grünen des Münchener Stadtparlaments stellten im Mai

1986 einen Dringlichkeitsantrag, Schwangere und Kinder mit öffentlichen Bussen an den Golf von Biscaya zu fahren.[33]

Die Schulen diskutierten die Frage, ob das Reaktorunglück in der Ukraine das Fernbleiben oder gar den Ausfall des Unterrichts rechtfertige. Die Entscheidung darüber fiel je nach Bundesland, Aufsichtsbehörde oder Schulleitung unterschiedlich aus. Insbesondere der Sportunterricht im Freien war betroffen.[34]

Wie dünnhäutig die Behörden noch wenige Wochen nach den Ereignissen reagierten, zeigt ein Fall aus der bayerischen Landeshauptstadt, wo am 13. Mai 1986 der Schülersprecher eines Münchener Gymnasiums auf dem Pausenhof mit einer Gasmaske über dem Gesicht erschien und Flugblätter zum sowjetischen Reaktorunglück mit indirekten Anspielungen auf die geplante Wiederaufarbeitungsanlage im oberpfälzischen Wackersdorf verteilte. Prompt verhängte die Schulleitung die Höchststrafe von sechs Tagen Unterrichtsausschluss wegen einer »raschen, heimtückischen und vorsätzlichen« Handlung. Doch diese Meinung teilten nicht alle. Es folgten Solidaritätsbekundungen innerhalb und außerhalb der Schule, eine Protestaktion löste sogar einen Polizeieinsatz aus. Nach heftigen Protesten von Eltern, Schülern und Teilen der Politik musste der Direktor zurückrudern und die Hälfte der Strafe erlassen.[35]

Folgen für Landwirtschaft und Konsumverhalten

So wie die meisten Menschen in Deutschland nach dem langen Winter die ersten warmen Sonnenstrahlen ersehnt hatten, warteten viele auf das erste Freilandobst und -gemüse. Doch auch hier machte der Fallout einen Strich durch die Rechnung. Insbesondere das Frühgemüse war von den Regenfällen Anfang Mai heftig betroffen. Während man bei später zu erntenden Erzeugnissen noch mit einem sicheren Abklingen der kurzlebigen Isotope oder einer wirksamen Verdünnung rechnen konnte, stand es um Lauch, Blattspinat, Kohlrabi, Petersilie, Rhabarber oder Erdbeeren sowie dem ersten Freilandsalat schlecht.[36] Insbesondere Blattpflanzen wie der Spinat oder zahlreiche Kräuter wie Liebstöckel nahmen durch die Fotosynthese reichlich strahlende Partikel auf. Noch schlimmer waren die Werte bei Waldfrüchten, wie Esskastanien, Nüssen und vor allem Pilzen. Gerade letztere zeigen in manchen Regionen Europas bis heute erschreckend hohe Werte an Cäsium 137.[37] »Bei den wenigen vorhandenen Daten, die wir bisher haben, müssen wir davon ausgehen, dass es zu einer ganz massiven Verseuchung von frei wachsendem Gemüse und Obst kommen wird«, hatte der an der Universität Bremen tätige Prof. Dr. Eberhard Greiser (*1938) Anfang Mai 1986 gewarnt.[38] Die an den Produkten gemessenen Werte bestätigten diese Vorahnungen. Binnen weniger Tage brach der Markt für Freilandgemüse und frisches Obst regelrecht zusammen. In der zweiten Maiwoche ging der Absatz auf den Gemüsemärkten um 80 % zurück. Selbst vor Tschernobyl geerntete Erzeugnisse waren so gut wie unverkäuflich.[39]

Aufgeschreckt von den Werten und einer zunehmenden Unruhe in der Bevölkerung wurden die Behörden aktiv. Am Montag, den 5. Mai 1986 verbot Baden-Württemberg den Verkauf von frischem Freilandgemüse bis auf weiteres. Im ganzen Bundesland schwärmten Mitarbeiter des Wirtschaftskontrolldienstes aus. Allein auf dem Mannheimer Großmarkt stellte man 100 Tonnen sicher, in Tübingen bewarf der dort als Stadtrebell und Dauerkandidat bei Bürgermeisterwahlen bekannte Obsthändler Helmut Palmer (1930–2004) die zur Beschlagnahme anrückende Polizei mit Erdbeeren.

Während es die niedersächsischen und saarländischen Behörden am 5. Mai 1986 bei einer Warnung vor Freilandgemüse beließen, brach zeitgleich auf den Gemüsemärkten in der Pfalz das Chaos aus, weil es die Ämter dort erst auf Spinat, Schnittlauch und Petersilie abgesehen hatten, das Verkaufsverbot aber kurz darauf wieder aufhoben.[40] In Frankfurt am Main war die Verärgerung der Gemüsegroßhändler nicht geringer. Zwar durfte die Ware dort nach einem Strahlencheck gehandelt werden, doch es verging über einen halben Tag, bis die Ergebnisse der Stichproben vorlagen. Für die US-Streitkräfte galten diese gesetzlichen Bestimmungen freilich nicht. Diese erschienen beim Einkauf in der Mainmetropole mit eigenen Strahlenmessgeräten.[41] Die Verluste von Landwirten und Gemüsehändlern summierte sich schlagartig, auf manchen Märkten herrschte ein regelrechter Katastrophentourismus.

Ohne jegliche Kaufabsicht sah man sich das absonderliche Treiben an, in München zeigten Verbraucherschützer sogar drei Gemüsehändler wegen Körperverletzung an, weil diese zu stark verstrahlten Salat angeboten hätten. »Jetzt solle der Gorbatschow doch kommen und sich die Sauerei ansehen«, meinte ein Landwirt von der für Obst- und Gemüse bekannten Insel Reichenau im Bodensee. Allein dort waren im Mai 2,5 Millionen Salatköpfe unverkäuflich.[42] Ab Mitte Mai 1986 gaben die Behörden von Bund und Ländern für die meisten Obst- und Gemüsesorten wieder Entwarnung. Doch bis dahin war den Bürgern der Appetit auf Frischgemüse ohnehin vergangen. Verzichtete man in Hessen auf die aus zahlreichen Kräutern bestehende traditionelle »Grüne Soße«, so fiel in Bayern das »Maischwammerlessen« ebenso aus, wie in anderen Regionen die Spargelzeit. Trotz nur geringer Belastung erlebte das königliche Gemüse im Frühjahr 1986 einen dramatischen Preisverfall. Stattdessen erzielte Dosenspargel aus der Volksrepublik China Absatzrekorde.[43]

Auf den Wochenmärkten schien die Welt Kopf zu stehen. Bauern warben mit Schildern, wie »Ausschließlich Treibhaus-Ware« oder »Treibhaussalat ohne Schadstoffe« um Kundschaft. »Plötzlich waren Dosennahrung, waren synthetische Produkte, waren tierische Produkte aus Stall und Käfighaltung wieder gefragt. Gesunde Ernährung hieß plötzlich das Gegenteil von dem, was man bis zum 1. Mai 1986 darunter verstanden hatte«, resümierte der hessische Umweltminister Joschka Fischer zwei Wochen später in einer Rede im Deutschen Bundestag. Der Leiter der städtischen Marktbetriebe in Frankfurt am Main brachte es damals auf den Punkt: »Alles, was grün ist, wird nicht mehr gekauft«. Findige Händler deklarierten teils ihre Ware zu Importen von der weitgehend verschont gebliebenen iberischen Halbinsel um, doch in vielen Fällen war auch dies vergeblich. »Nichts ging mehr – sogar die Äpfel aus Neuseeland blieben stehen«, beschrieb ein Obstverkäufer auf dem Mannheimer Großmarkt die Lage. Wie viele andere aus der Branche musste dieser Unternehmer für seine Angestellten Kurzarbeit beantragen.[44]

Stattdessen kam es zu einem Ansturm auf Konserven und Tiefkühlkost. Das Personal kam bald nicht mehr mit dem Befüllen der Regale und Kühltruhen nach. Auf dem Speisezettel der Deutschen standen nun Tiefkühlpizza, Kartoffeln vom letzten Winter oder Dosenerdbeeren hoch im Kurs. Nicht ohne eine gewisse Ironie gab die »taz« »Aldinative«

Abb. 5: Allein auf der Bodenseeinsel Reichenau waren im Mai 1986 fast drei Millionen Salatköpfe sowie große Mengen anderer Gemüsesorten unverkäuflich.

Ernährungstipps«.[45] Während Hollandtomaten und Konservenfrüchte in den Einkaufswagen landeten, stapelten sich auf den Wochenmärkten die Stiegen mit dem »Tschernobylgemüse«. Fachleute, Behörden und Politik waren sich uneinig: Was für die einen unbedenkliche Handelsware war, galt für die anderen als Bioabfall oder gar als Sondermüll. Unter den Obst- und Gemüsehändlern machte sich die Ratlosigkeit breit, wohin die verdorbene Ware gebracht werden sollte. Je nach Region oder Zuständigkeit endeten Teile davon im Hausmüll, auf dem Kompost oder konnten an eiligst eingerichteten Stellen abgegeben werden. So stapelten sich im bayerischen Memmingen innerhalb kürzester Zeit Salatstauden und Schnittlauch im dortigen Feuerwehrhaus, während im Landkreis Schwäbisch-Hall Stichproben derart verstrahlt waren, dass der komplette Bestand mehrerer Salatfelder aufwendig vernichtet werden musste. Der Mainzer Landwirtschaftsminister Dieter Ziegler (1937–2019) erwog zwischenzeitlich sogar die Errichtung einer speziellen Deponie für das unverkäufliche Gemüse unweit des Pfalzmarktes bei Schifferstadt.[46] Angesichts der katastrophalen Aussichten empfahl der hessische Sozialminister Armin Clauss (*1938), Blattgemüse gar nicht erst zu ernten, sondern gleich unterzupflügen, was auch außerhalb Hessens die meisten Landwirte im Mai 1986 taten. Doch diese Maßnahme war nicht unumstritten. Zwar löste dies das Problem der kurzzeitig strahlenden Partikel, zugleich befürchteten viele aber eine großflächige Verteilung der anderen Isotope im Boden.[47]

In den nächsten Monaten beschäftigten Grenzwerte und Herkunftsort auch die nahrungsmittelverarbeitende Industrie. Da der geringste Verdacht die ganze Branche treffen konnte, überprüften die großen Hersteller die Ausgangsfrüchte für Fruchtsäfte, Marmelade oder Süßwaren besonders streng. Manch einer wurde bei der angebotenen Ware fündig. So ließen die Schwartauer Marmeladenwerke GmbH innerhalb eines halben Jahres fast 15 LKW-Ladungen mit Obst an die Importeure zurückgehen, da die Ware zu hohe Werte anzeigte.[48]

Die Politik versuchte im Mai 1986 der Verunsicherung dadurch entgegenzuwirken, indem sie medienwirksam Normalität »vorlebte«. So erschien der Gießener Oberbürgermeister am Samstag, den 10. Mai zu einem »demonstrativen Markt-Einkauf«, sein Westberliner Kollege Eberhard Diepgen (*1941) tat es ihm am selben Tage auf dem Markt vor dem Schöneberger Rathaus gleich und kaufte zwei Salatköpfe, die anschließend von der Senatsrunde verzehrt wurden.[49] Andere Politiker folgten: Ministerpräsident Bernhard Vogel (*1932) warb in Mainz für Pfälzer Salat, während die Kanzlergattin Hannelore Kohl (1933–2001) zum Einkauf auf den Bonner Marktplatz erschien und der nordrheinwestfälische Landesvater Johannes Rau vor laufenden Kameras ein Glas mit frischer Milch leerte. Im Süden hingegen versuchte der bayerische Umweltminister Alfred Dick (1927–2005) eine besorgte Vegetarierin durch seinen unvergleichlichen Charme zu beruhigen, indem er ihr den Hinweis gab »Sie fressen doch kein Gras.«[50]

Wohin mit der verstrahlten Milch?

Zum Symbol für die durch die Reaktorkatastrophe von Tschernobyl betroffenen Lebensmittel wurde die Milch. Durch den hohen Atemdurchsatz und die Aufnahme von Gras gelangten Isotope – vor allem Jod-131 – über den sogenannten »Weide – Kuh – Milchpfad« in die menschliche Nahrungskette. Der von Behörden und Molkereibetrieben herausgegebenen Empfehlung, die Kühe im Stall zu lassen, folgten die meisten Bauern in den vom Fallout betroffenen Gebieten ungern, aber freiwillig.[51] Jedem war klar, dass die verstrahlte Milch das gleiche Schicksal wie die belasteten Feldfrüchte erleiden würde. Auch hier hatte das Unglück zur Unzeit zugeschlagen, da die Bestände an Winterheu zumeist aufgebracht waren. Mancher Bauer in Württemberg oder Bayern musste sich daher Restbestände an Winterfutter aus vom Regen verschonten Gebieten organisieren.[52] Da ein Teil der Kühe schon in den ersten Maitagen draußen weidete, fiel belastete Milch an. Doch im Allgäu fand sich zuerst niemand, der den Grad der Kontaminierung kontrollieren konnte. »Wir können nur feststellen, wenn es dem Bauern reinregnet in die Milch, aber nicht, wenn es reinstrahlt.«, erklärte die zuständige Milchwirtschaftliche Untersuchungs- und Versuchsanstalt in Kempten. In Rosenheim hatte es das bayerische Innenministerium zwar abgelehnt, den vom Bund finanzierten ABC-Zug für solche Messungen einzusetzen, doch die Wehrleute wurden auf eigene Faust aktiv. Demnach waren die dortigen Proben derart belastet, dass man nach dem Genuss von 3,5 Litern Milch die empfohlene Jahresdosis erreicht hatte.[53]

Die Beteuerungen von Molkereien, keine bedenkliche Ware in den Handel zu bringen, halfen wenig. Ab dem 3. Mai 1986 brach der bundesdeutsche Milchmarkt ein. Während zahlreiche Kunden mit Blick auf Herstellungs- und Verfallsdatum versuchten, alte, »vor-Tschernobyl«-H-Milch zu ergattern, druckten mehrere Molkereibetriebe sogar Stempel, wie »Entwarnung – unter ständiger Kontrolle der Zentralstelle für Strahlenschutz« oder die aktuellen Becquerelwerte auf ihre Milchtüten.[54] Wenige Monate später tauchten dann aber doch belastete Proben auf. Dabei handelte es sich um Kondensmilch für den Kaffee, deren Cäsiumwerte laut saarländischem Gesundheitsministerium jedoch

»keine Gesundheitsgefahr« darstellten. Überdies warnten die Bonner Behörden Mitte August 1986 vor einer erneuten Zunahme der Werte in der Milch, wenn im Herbst die Winterfütterung der Kühe mit dem im Sommer gewachsenen Heu beginne.[55] Besorgten Eltern empfahl der Vorsitzende der Strahlenschutzkommission (SSK), Prof. Dr. Erich Oberhausen (1927–1997), am 8. Mai 1986, die Ernährung der jüngsten auf Trockenmilch umzustellen. Relativierend erklärte Oberhausen zugleich: »Nun leben wir jetzt halt eben in diesem Strahlenfeld und es ist äußerst schwierig, hier Nischen zu finden, wo man dem entweichen kann.«[56] Doch nicht nur Eltern von Kleinkindern, Schwangere und stillende Mütter stellte sich in diesen Tagen die Frage, wie sie der jodbelasteten Milch entgehen könnten. Hatten sich einige schon nach Bauern umgeschaut, die ihr Vieh noch mit Winterfutter versorgten, so versuchten andere, Milchpulver gleich säckeweise zu beziehen. So verkaufte im Stuttgarter Stadtbezirk Sillenbuch der Verein »Mütter gegen Atomkraft« die begehrte Ware an Wartende – wie in einem Krisengebiet – direkt vom Lastkraftwagen. Auch in der Heidelberger Weststadt bot eine Elterninitiative im Juni 1986 Milchpulver an, den 25 kg-Sack für 165 DM. Die Behörden sahen diese Aktionen ungern und warnten vor »eventuellen Ernährungsdefiziten«. Als der Heidelberger Oberbürgermeister Reinhold Zundel (1930–2008) dem Treiben in seiner Stadt ein Ende setzten wollte, ging der Verkauf im Hof der benachbarten Bonifatiusgemeinde munter weiter.[57]

Während Trockenmilch im Frühsommer 1986 zu einem begehrten Verkaufsschlager wurde, stellte sich die Frage, wie man mit der belasteten Milch verfahren sollte. Da eine Entsorgung über die Kanalisation nicht in Frage kam, begannen Molkereien, die Bestände u. a. zu Käse zu verarbeiten.[58] Auch das bayerische Landwirtschaftsministerium wollte diesen Königsweg beschreiten und fand mit dem in Wasserburg am Inn ansässigen Großkonzern Meggle einen Partner mit den notwendigen Kapazitäten. Dort gelang es bei der Käseherstellung, das unerwünschte Cäsium zusammen mit der als Nebenprodukt anfallenden Molke auszufällen. Weiteres Eindampfen, Filtern und Entzuckern dieser Molke sorgte zwar für eine deutliche Volumenreduzierung, aber die radioaktive Konzentration des Endproduktes nahm im gleichen Maße zu. Mal als Sondermüll, mal als Viehfutter oder »Aufzuchtmittel« für Fische deklariert, versuchte Bayern, eine Charge von 5 000 Tonnen in den folgenden Monaten auf verschiedenen Wegen loszuwerden. Auf mehrere Züge mit insgesamt 242 Güterwagen verteilt, geisterte ein Großteil dieser Fracht zum Jahreswechsel 1986/87 quer durch die Republik zu angeblichen Abnehmern. In der Öffentlichkeit sorgte dieser bajuwarische Kuhhandel – gerade drei Tage nach der Bundestagswahl 1987 – für helle Empörung: Behörden anderer Bundesländer sahen darin den Versuch »umweltgefährdender Abfallbeseitigung« und drohten dem Freistaat sowie dem Meggle-Konzern sogar mit einem Ordnungsgeld, falls diese nicht die strahlende Fracht zurücknehmen würden.[59]

Der ganzen Sache überdrüssig gab der bayerische Umweltminister Dick am Dienstag, den 3. Februar 1987 in München eine Pressekonferenz, die in die Geschichte der Bundesrepublik eingehen sollte. Auf Vorwürfe von Behörden, Politik und Öffentlichkeit reagierte der CSU-Politiker gereizt: »Dieses scheiß' Tschernobyl, diese ganze Gaudi« polterte Dick, »ich habe noch keinen Menschen gesehen, der schöpflöffelweise Molkepulver isst!« Der Minister verurteilte die »maßlose Hysterie«, griff publikumswirksam in eine bereitgestellte Schüssel mit dem ominösen Molkepulver und leckte den Finger mit den Worten »Des tut mir nix« ab. Was der Presse vor Ort nicht aufgefallen war: Dick hatte zuvor seinen Mittelfinger in die Molke getaucht, leckte aber den Zeigefinger ab.[60]

Es bedurfte des Eingreifens der Bundesregierung, um die Odyssee des »Molkezuges« zu beenden. Die Fachhochschule Hannover entwickelte in den folgenden zwei Jahren ein Verfahren, mit dem das Cäsium aus der Molke herausgelöst werden konnte. Später angefallene Bestände verbrannte Bayern trotz heftiger Proteste 1996 in der Sondermüllverbrennungsanlage Ebenhausen bei Manching. Insgesamt kostete die Entsorgung der Strahlenmolke aus Bayern den Steuerzahler rund 100 Millionen DM.[61]

Die Odyssee des Molkezuges bildete den schillernden Epilog zu einem Wirrwarr aus Kompetenzen, Empfehlungen und Grenzwerten, der im Mai 1986 unmittelbar nach den ersten belasteten Niederschlägen begonnen hatte.

Der Streit um Zuständigkeiten und Grenzwerte

Die Ursache dafür lag vor allem darin, dass zum Zeitpunkt des Reaktorunglücks die notwendigen Richtlinien zur Klärung der Zuständigkeiten zwischen Bund und Ländern noch nicht ausgearbeitet, geschweige denn in Kraft getreten waren.[62] War nach dem Atomgesetz von 1959 der Bund für Vorsorgemaßnahmen, wie u. a. die Festlegung von Grenzwerten für Lebensmittel oder Empfehlungen zu Verhaltensweisen zuständig, so sollten die jeweils betroffenen Bundesländer diese im Rahmen ihrer Katastropheneinsatzpläne umsetzen. In den möglichen Szenarien gingen die Behörden davon aus, dass sich die Folgen eines kerntechnischen Unfalls bei der geographischen Ausdehnung in Grenzen halten würden und von dem betroffenen Bundesland zu bewältigen waren. Auf einen grenzüberschreitenden Unfall mit höchst unterschiedlichen Niederschlagsbildern war man schlichtweg nicht vorbereitet.

Die seit 1974 als Beratungsorgan des zuständigen Bundesinnenministeriums tätige Strahlenschutzkommission sollte nun binnen kürzester Zeit Richtwerte und Empfehlungen für den eingetretenen Fall erarbeiten, die der Bund dann an Länder und Gemeinden weitergab. Doch neben den schon genannten administrativen Defiziten ergaben sich in der Praxis nun noch weitere Probleme. Es fehlte nicht nur an brauchbaren Daten oder Erfahrungen aus ähnlichen Fallbeispielen, sondern die Strahlenschutzkommission sollte auch zu einem Zeitpunkt Empfehlungen geben, als der Reaktor in Tschernobyl noch brannte. Sachlich brachte es der rheinland-pfälzische Umweltminister Klaus Töpfer (*1938) auf den Punkt, wenn er diese Problematik mit den Worten kommentierte: »Neue Daten hätten neue Empfehlungen zur Folge.«[63]

So blieben die ersten am 2. Mai 1986 herausgegebenen Empfehlungen des Bundes nicht unwidersprochen. Hatte Bonn den Grenzwert für Milch auf 500 Becquerel pro Liter festgelegt, folgten nicht einmal alle CDU-regierten Bundesländer diesem Richtwert. Die SPD-geführten Bundesländer Hamburg und Nordrhein-Westfalen, aber auch die CDU-Landesregierung in Schleswig-Holstein legten sich auf 50 Becquerel fest. In West-Berlin stand der Grenzwert nach einer telefonischen Nacht-und-Nebelaktion bei 100 Becquerel pro Liter.[64] Das rot-grün regierte Hessen ging noch weiter. Mit Hinweis auf die Auswirkungen des Milchkonsums auf Kleinkinder setzte man den Wert dort auf 20 Becquerel und klinkte sich aus dem »skandalösen Grenzwertkonzept« der Bundesregierung aus.[65]

Das anfängliche Zurückhalten der Ergebnisse in Bayern schürte das Misstrauen weiter: »Wer garantiert uns, dass die Atomlobby nicht Einfluß auf die Meßergebnisse nimmt?«, bemerkte eine Münchener SPD-Stadträtin. Eine Leserin der »Frankfurter Rundschau« meinte, die »Tendenz zur Beschwichtigung ist hier genauso wie in der UdSSR«.[66]Andere fuhren zum Lebensmittelkauf sogar ins benachbarte Salzburg, da man den österreichischen Behörden mehr vertraute als den deutschen.

In der Praxis liefen die unterschiedlichen Grenzwerte für Lebensmittel auf regional sehr individuelle Verkaufsverbote hinaus. Gleiches galt für die Freigabe von Spielplätzen, Parks, Schwimmbädern oder die Viehhaltung. »Es ist schwer, einem Bürger klarzumachen, wenn Sie gestern etwa im Odenwald waren, daß auf der einen Seite des Tales die Kühe weiden dürfen – das war in diesem Fall Hessen – und im anderen Fall, auf der baden-württembergischen Seite nicht.«, beklagte Bundeskanzler Kohl die Lage am 12. Mai 1986.[67]

Ebenso verhielt es sich auf internationaler Ebene, wie im deutsch-französischen Grenzgebiet. Während auf der deutschen Seite Sportstätten, Parks und Kinderspielplätze verwaist waren, kein Vieh auf den Weiden stand und das Gemüse ungeerntet vor sich hingammelte, ging bei den westlichen Nachbarn das Leben normal weiter. Französische Stellen hatten sogar verkündet, dass der Rhein als »natürliche Grenze« die radioaktive Fracht aufgehalten habe![68] Nicht ganz so optimistisch sahen dies die Schweizer. Auch dort kam es zu einem Gerangel um Kompetenzen und Grenzwerte, das jedoch nicht bundesdeutsche Ausmaße erreichte.[69]

Um weitere Initiativen einzelner Bundesländer zu unterbinden, warnte Bundesgesundheitsministerin Rita Süssmuth (*1937) am 6. Mai 1986 vor einem »Wettlauf« um die niedrigsten Strahlenschutzwerte. Die ausstehende Festsetzung der Grenzwerte für andere Lebensmittel, wie Fleisch, Fisch oder Trinkwasser eröffnete neue Konfliktfelder. Schon am 9. Mai setzte Hessen eine eigene Obergrenze für Fleisch fest. Die Anordnung der Bundesregierung vom 8. Mai 1986, dass sich die Länder an die Empfehlungen der Strahlenschutzkommission zu halten hätten, verfehlte vorerst ihre Wirkung. Am 13. Mai setzten sich Bund und Länder zusammen, um eine Wiederholung des Grenzwertestreits zu vermeiden.[70]

Meinungshoheit und Meinungsfreiheit

In den Grenzwertestreit mischten sich auch Wissenschaftler und Ärzte ein. Doch die Art und Weise, wie einige Vertreter ihre Reputation dabei einsetzten, trug nicht zur Versachlichung bei – im Gegenteil: Symptomatisch dafür war die große Anzeigenkampagne von Bundesärztekammer und Elektrizitätswirtschaft, die im Vorfeld der Landtagswahlen in Niedersachsen in fast allen großen Tageszeitungen erschien.[71] Darin konnte das erstaunte Publikum u. a. lesen, dass »nach zu dem zuverlässigem Urteil von Experten […] kein Bürger gesundheitliche Schäden erlitten« habe und die Wahrscheinlichkeit solcher Schäden »als äußerst gering angesehen« werde. Entgegen den Fakten wurde weiterhin behauptet, dass »die biologischen Auswirkungen der Radioaktivität auf den Menschen und seine Umwelt […] weitgehend bekannt« seien. Die von der Strahlenschutzkommission vorgeschlagenen Maßnahmen entsprächen »internationalem Sicherheitsstandard«. Die Schuld an der großen Verunsicherung schob man den Bundesländern sowie Kommunen zu und stellte sich mehr oder minder »uneingeschränkt« hinter die Positionen der Bundesregierung. Die Anzeige stieß auf heftige Kritik. Schon wenige Tage später erschienen Gegenanzeigen und offene Briefe, in denen sich Medizinerinnen und Mediziner über den vom Präsidenten der Bundesärztekammer, Dr. Karsten Vilmar, (*1930) unterzeichneten Text empörten.[72] In den Augen vieler Menschen hatte dieser die bundesdeutsche Ärzteschaft zu einem Sprachrohr von Regierung und Atomlobby gemacht, zumal die Vereinigung Deutscher Elektrizitätswerke zwei Wochen zuvor schon eine ähnlich gestaltete Anzeigenkampagne gestartet hatte, in der sie auf die schwerwiegenden ökologischen und volkswirtschaftlichen Schäden eines Atomausstiegs und die Gefahr für »Arbeitsplätze im internationalen Wettbewerb« hinwies.[73]

Während Stromkonzerne und Wirtschaftsverbände ab Mai 1986 unablässig vor den ökonomischen Folgen eines Atomausstiegs warnten, erklärte der Vorsitzende des Sachverständigenrates zur Begutachtung der gesamtwirtschaftlichen Entwicklung (»Wirtschaftsweisen«) sogar, dass – wie schon zuvor beim Thema »Waldsterben« – eine solche Debatte sich negativ auf die bundesdeutsche Konjunktur auswirken könne.[74]

Infobox 4: (Atom)Ausstieg, Atomkonsens, Atomkompromiss, Energiewende

Schon in den 1970er-Jahren führte die Diskussion um die Sicherheit von Atomkraftwerken dazu, dass einige Staaten die Nutzung der zivilen Kernkraft auf freiwilliger Basis beenden wollten. Ein frühes Beispiel ist Österreich, das sich 1978 in einer Volksabstimmung gegen diese Energieform aussprach. Offenbar abgeleitet von dem Ende der 1970er-Jahre häufig genutzten Begriff des »gesellschaftlichen Aussteigers« als alternativem Lebensmodell tauchte das Wort »Ausstieg« in Zusammenhang mit der nach dem Reaktorunfall von Harrisburg geführten politischen Debatte um die Zukunft der Kernenergie zumeist als Schlagwort der Atomkraftgegner auf. Vor Tschernobyl nur sporadisch benutzt, fand die Wortzusammensetzung »Atomausstieg« ab Mai 1986 rasche Verwendung, insbesondere im Lager der Anhänger einer sofortigen Schließung aller Atomanlagen, während gemäßigte Kernkraftkritiker eher von einem »Umstieg« oder »Umsteuern« sprachen.[75]

Als fester Begriff etablierte sich der »Atomausstieg« mit Antritt der rot-grünen Bundesregierung unter Kanzler Gerhard Schröder (*1944) 1998. In Verhandlungen mit den Kraftwerksbetreibern einigten sich diese 2000 auf einen geordneten Ausstieg. Dieser »Atomkonsens« sah eine gewisse Restlaufzeit für die Kernkraftwerke vor, die sich sowohl an einer vorgegebenen Frist, vor allem aber an einer Restmenge an zu produzierendem Strom orientierte.

Nach der Bundestagswahl 2009 revidierte die schwarz-gelbe Bundesregierung unter Kanzlerin Angela Merkel (*1954) diese Entscheidung im »Atomkompromiss« vom September 2010, wonach die Laufzeiten der Kraftwerke teils erheblich verlängert wurden. Im Gegenzug verpflichteten sich die Energieunternehmen zu milliardenschweren Zahlungen (»Brennelementesteuer«) sowie einem Sonderbeitrag zur Förderung alternativer Energien.

Das Reaktorunglück von Fukushima setzte diesen Plänen ein jähes Ende. Schon am 30. Mai 2011 einigte sich die Bundesregierung mit den Kraftwerksbetreibern unter dem Schlagwort »Energiewende« auf einen endgültigen Ausstieg aus der Kernenergie bis 2022. Im Gegenzug erhalten die Stromkonzerne eine finanzielle Entschädigung.[76]

Der Konflikt um die Folgen des Reaktorunglücks von Tschernobyl nahm zuweilen skurrile Züge an. Für Donnerstag, den 22. Mai 1986 stand die satirische Aufarbeitung der Ereignisse in der Kabarettsendung »Scheibenwischer« an. Nichts Gutes ahnend, forderte der Fernsehdirektor des Bayerischen Rundfunks, Helmut Oeller (1922–2016), noch vor der Ausstrahlung das Manuskript an und entschied, sich aus dem gemeinsamen ARD-Abendprogramm auszuklinken.[77] Stattdessen bekamen die bayerischen Zuschauer den Kabarettisten Dieter Hildebrandt (1927–2013) in der 1960er-Musikkonserve »Heiße Ware Swing« zu sehen.

Oeller hielt die »makabre und degoutante« Art der Sendung für »nicht gemeinschaftsverträglich« und forderte – vergeblich – die bundesweite Absetzung dieser »Scheibenwischer«-Ausgabe. Waren Eingangssätze wie »Die Russen kommen. Jetzt sind sie da. Allerdings anders gemessen, also nicht in Panzern und Menschen, sondern nach Becquerel« für Oeller noch akzeptabel, so störte ihn schon die rhetorische Frage, ob der Papst zukünftig »dekontaminiert« werden müsse, wenn er bei der Ankunft in einem Land die Erde küsst? Das Fass zum Überlaufen brachte die bayerische Kabarettistin Lisa Fitz (*1951): In einem fiktiven Telefongespräch mit der Strahlenschutzkommission fragte Fitz u. a. nach, ob ihr hochbetagter Großvater, der zuvor in den strahlenverseuchten Mairegen gekommen war, nach seinem Tod normal beerdigt, »endgelagert« oder vielleicht sogar »wiederaufgearbeitet« werden müsse, denn »ab 100 Millirem ist man nämlich kein Christ mehr!«[78]

Zwar konnte Oeller die abendliche Ausstrahlung durch die restlichen ARD-Landesanstalten nicht verhindern, doch fand er beim ZDF-Intendant Dieter Stolte (*1934) Gehör, der sich umgehend gegen eine Wiederholung der Sendung im gemeinsamen Vormittagsprogramm aussprach. Bei den Zuschauern sorgte diese Art der Zensur für zahlreiche Proteste. Noch während der »Scheibenwischer« im übrigen Bundesgebiet lief, versammelten sich am Donnerstagabend über 100 Demonstranten vor dem BR-Funkhaus. Die Münchener »tz« fragte spöttisch: »Was ist der Unterschied zwischen der DDR und dem Freistaat Bayern? – In der DDR konnte man am Donnerstagabend Dieter Hildebrandts ›Scheibenwischer‹ sehen!«[79]

Die ganze Angelegenheit wäre wohl eine Provinzposse geblieben, wenn nicht wenige Tage später ein Beschluss der Programmdirektoren bekannt geworden wäre, im Vorfeld der Bundestagswahlen 1987 sieben Wochen lang auf Polit-Magazine zu verzichten. Nach heftigen Protesten hoben die zuständigen Gremien am 26. Juni 1986 diese umstrittene Entscheidung wieder auf.[80] Bei vielen Menschen verfestigte sich jedoch der Eindruck, dass die Absetzung der »Scheibenwischer«-Sendung im Bayerischen Rundfunk und die geplante Beschneidung der Politmagazine aus parteipolitischen Gründen erfolgt waren. So sollte offenbar auf Informationen und damit auch auf die Meinungsbildung Einfluss genommen werden.

Die Kommunikation zwischen Politikern, Behörden und der Bevölkerung war derart gestört, dass selbst gutgemeinte Kommentare und Ratschläge nicht zu einer Beruhigung führten, zumal sich zuweilen zeigte, dass sich hinter der Forderung nach »mehr Sachlichkeit« in der Atomdebatte oft ein »Manipulationstopos« zu einem »weiter so« verbarg.[81] In einer teils tief verunsicherten Gesellschaft machte sich zusehends Wut und Misstrauen gegenüber den Spitzen von Staat, Politik und Wirtschaft breit.

Infobox 5: Höflich aber bestimmt – »Atomkraft? Nein danke!«

Es bedurfte lediglich eines Briefumschlags, einiger Farbstifte und einer Idee, um die Ikone der Anti-Atombewegung zu erschaffen. Als im Zuge der Energiepreissteuerung Dänemark den Bau von Kernkraftwerken plante, entstand 1974 eine landesweite Gegenbewegung mit dem Namen »Organisationen til Oplysning om Atomkraft« (OOA). Zu den Mitgliedern gehörte die Wirtschaftsstudentin Anne Lund (*1954). Ohne größere Hilfsmittel entwarf sie mit einigen Mitstreitern im Frühjahr 1975 in Aarhus die lächelnde rote Sonne auf gelben Grund mit der Umschrift »Atomkraft? Nei Tak!« (»Atomkraft? Nein Danke!«).

Lund wollte ein Zeichen mit deutlicher Aussagekraft entwerfen, das aber weder bedrohlich noch gewalttätig wirken sollte. Die Sonne als Energiespenderin symbolisiert zudem die Alternative zur Atomkraft. Innerhalb eines Jahres verkauften sich fast 500 000 Aufnäher und Aufkleber. Auch im Ausland erlebte die lächelnde Sonne mit der Anti-Atombotschaft in der jeweiligen Landessprache einen reißenden Absatz, im schleswig-holsteinischen Brokdorf war das Symbol Mitte November 1976 erstmals auf bundesdeutschen Boden zu sehen. Bis heute sollen über 20 Millionen Taschen, Aufkleber und Buttons in über 45 Sprachen produziert worden sein. Reich machte die Sonne ihre Schöpferin nicht. Lund hatte die Rechte an dem Logo an die OOA abgetreten, um mit dem Verkaufserlös Aktionen in- und ausländischer Anti-Atom-Gruppen unterstützen zu können.

In ihrem Ursprungsland verfehlte die lächelnde Sonne ihre Wirkung nicht: 1978 endete ein letzter Versuch der dänischen Regierung, Kernkraftwerke zu errichten, in Massenprotesten. Am 29. März 1985 erklärte das Land das Ende aller Nuklearpläne.[82]

Der Protest erfasst weite Kreise der Bevölkerung

Schon einen Tag nach dem Bekanntwerden des Reaktorunglücks kam es z. B. in Frankfurt am Main zu spontanen Protesten. Vom ersten Tag an fand sich die Losung *Tschernobyl ist überall* auf Plakaten in der ganzen Republik. Dieser von Günther Anders' (1902–1992) Buchtitel *Hiroshima ist überall* sowie Egmont R. Kochs (*1950) und Fritz Vahrenholts

(*1949) *Seveso ist überall* abgeleitete Slogan avancierte Ende April/Anfang Mai 1986 schlagartig zum geflügelten Wort der Anti-Atomkraftbewegung.[83] Die bewusste Verbindung mit dem Atomwaffenabwurf auf Hiroshima sowie dem gerade zehn Jahre zurückliegenden Chemieunglück im italienischen Seveso reihte das Reaktorunglück zu den großen, technikverursachten Katastrophen der Menschheitsgeschichte ein. Tschernobyl traf auf eine durch atomare Hochrüstung und den Streit um die friedliche Nutzung der Kernenergie politisch aufgeladene Atmosphäre.

Dies zeigte sich auch bei den Demonstrationen ab Mai 1986, bei denen sich zahlreiche Menschen aus der Bevölkerung den Forderungen der Anti-Atombewegung und Ökogruppen anschlossen. Kinder, die in Reimchören die Kundgebungen mitgestalteten, gehörten genauso dazu, wie die um ihre Existenz ringenden Landwirte. Was diese Demonstrationen von den bisherigen Protesten gegen Atomkraft unterschied, waren die »Mitbringsel«: Verstrahltes Obst, Gemüse, Stroh, Eier und vor allem der Spielsand der Kinder fanden sich als reales Argument gegen Atomkraft und Behördenwirrwarr. So blockierten am 6. Mai rund 50 Bauern mit ihren Traktoren die Zufahrt zum Atomkraftwerk Stade und kippten Gemüse, Eier und Milch vor das Eingangstor. Der am 9. Mai 1986 in der »taz« veröffentliche Demonstrationsaufruf der Initiative »Jugendpfleger gegen Atomtod« enthielt die Aufforderung an Kinder, ihren Spielsand an den Kanzler zu schicken. Es folgte die Privatadresse Helmut Kohls. Die »Initiative gegen den Atomtod« wollte direkt vor dem Oggersheimer Kanzlerbungalow demonstrieren, was jedoch das Oberverwaltungsgericht Koblenz untersagte.[84]

In Freiburg bewarfen Kinder »munitioniert von Erwachsenen« am 12. Mai 1986 das Gebäude des Regierungspräsidiums mit Eiern und Gemüse, in Frankfurt am Main erklärten einen Tag später Studierende den Römerberg zu einem »Entsorgungspark«.[85]

Für den 14. Mai 1986 rief eine Elterninitiative in Hannover dazu auf, den verstrahlten Spielsand der Kinder vor dem dortigen Rathaus zu einem riesigen Berg aufzuhäufen, Eine andere, nicht weniger ausdrucksvolle Form des Protestes fanden die Initiatoren einer Kundgebung in Nürnberg am 14. Mai 1986. Hier versammelten sich über 5 000 Demonstranten mit Töpfen und Kochlöffeln vor der Lorenzkirche, um »wie einst in der Pestzeit« ihrem Anliegen lautstark Gehör zu verschaffen.[86]

Abb. 6: Der Platz vor dem Frankfurter Römer als »Entsorgungspark« für belastetes Obst und Gemüse am 14. Mai 1986.

An vielen Orten blieb es nicht bei Kundgebungen auf öffentlichen Plätzen. Unter dem Motto »Radioaktivität kennt keine Grenzen« blockierten im Saarland Ende Mai über 3 000 Aktivisten die Autobahn Mannheim-Paris, um gegen die Inbetriebnahme des in Lothringen erbauten Atomkraftwerks Cattenom zu demonstrieren. Schon zuvor hatten 50 Atomkraftgegner die Räume des Wiesbadener Umweltministeriums besetzt, um Joschka Fischer zu einer entschiedeneren Haltung gegenüber der hessischen Landesregierung anzuhalten.[87] Seine Kollegen von der CSU hatten einen weitaus schlechteren Stand. Auf einer Wahlveranstaltung in Landshut kam es zu Tumulten, als nach einer Rede des bayerischen Umweltministers Dick ein Zuhörer aus Protest einen Teppich aus »verstrahlten Salatblättern« legte. Noch turbulenter verlief wenige Tage später ein Wahlkampfauftritt von Bundesforschungsminister Riesenhuber in Schwandorf unweit der geplanten Wiederaufarbeitungsanlage Wackersdorf. Vor dem Eingang bewarfen aufgebrachte Anwohner die Teilnehmer der Veranstaltung mit Salat, Rhabarber, Schnittlauch, Gras und Eiern. Die Delegierten mussten sich Beschimpfungen, wie »Heimatverräter«, »Lumpen« und »Schweine« anhören.[88] Richtete sich der Unmut vor allem gegen Ministerien, Rathäuser sowie Stromkonzerne, so hielten Kernkraftbefürworter, wie der CDU-Informationsdienst »Union in Deutschland« den Bestimmungsort dieser Proteste für völlig unangebracht: »Nicht die Bundesrepublik, sondern die UdSSR wäre hier die richtige Adresse! Aber da wurde niemand gesichtet.«[89]

Tatsächlich rückte die noch immer nicht bewältigte Reaktorkatastrophe in der Ukraine bei vielen völlig in den Hintergrund. Vielmehr fragten sich im Frühsommer 1986 zahlreiche Bundesbürger: Wo steht die nächste Nuklearanlage? Wie sicher ist diese? Geht von dort eine Gefahr aus? Je nach Region waren die Augen fortan nicht mehr nach Tschernobyl, sondern u. a. nach Biblis, Cattenom, Fessenheim, Hamm-Uentrop, Hanau, Kalkar, Mülheim-Kärlich, Philippsburg, Gorleben, Brokdorf oder Wackersdorf gerichtet. Gerade an den letzteren Orten eskalierte im Mai 1986 die Gewalt.

Tschernobyl wirkte auf die bisherigen Schauplätze der Auseinandersetzungen um die friedliche Nutzung der Kernenergie wie ein Katalysator. Im Umfeld des Atomkraftwerks Brokdorf, dass nach Jahren oft gewalttätiger Demonstrationen im Sommer 1986 den Betrieb aufnehmen sollte, kam es in Hamburg am 8. Juni 1986 zu dem berühmt-berüchtigten Polizeieinsatz, der als »Hamburger Kessel« in die bundesdeutsche Geschichte einging.[90]

Doch vor allem die Großbaustelle der Wiederaufarbeitungsanlage im oberpfälzischen Wackersdorf erlebte nach Tschernobyl heftige Krawalle, bei denen oft mehrere hundert Demonstranten und Ordnungskräfte verletzt wurden. Andernorts häuften sich die Brandanschläge gegen Einrichtungen von Stromversorgern und Atomindustrie. Laut dem bayerischen Innenmister Karl Hillermeier (1922–2011) stieg die Zahl der registrierten Brand- und Sprengstoffanschläge im ersten Halbjahr 1986 im Bundesgebiet auf 205.[91] Im Gegenzug gab die bayerische Landesregierung im Frühsommer 1986 mehr als 20 Millionen DM allein zur Verstärkung von Polizei und Justiz aus[92].

Mit dieser materiellen Aufrüstung ging die ideologische einher. Missbrauchten viele Demonstranten die Reaktorkatastrophe von Tschernobyl als Rechtfertigung für Gewaltakte gegen das »System«, so warfen Unionskreise den Atomkraftgegnern vor, das Land ins Chaos stürzen zu wollen, damit – wie es der Bayerische Ministerpräsident Franz Josef Strauß (1915–1988) formulierte – die Sowjetunion »dann in Europa die Macht übernehmen könnte«.[93] Zuweilen verstiegen sich Vertreter von Parteien und Verbänden zu abenteuerlichen Thesen. So beschimpfte das CSU-Parteiorgan »Bayernkurier« im Juli 1986 Atomkraftgegner und Grüne als »Schutzpatrone des Terrorismus«, während ein IG-Metall Vorstandsmitglied in Anspielung auf die Affäre um das »Celler Loch« argwöhnte, ob nicht etwa der Verfassungsschutz einen Anschlag auf ein Atomkraftwerk inszenieren könnte.[94]

Derweil war die Kluft zwischen Obrigkeit und Bevölkerung groß geworden. Nach einer Umfrage der Wickert-Institute im Mai 1986 vertrauten 68 % der Befragten bei atomaren Gefahren den Behörden »gar nicht«, in einer fast gleichzeitig durchgeführten »Emnid«-Umfrage sprachen sich 66 % für den sofortigen oder zumindest schrittweisen Ausstieg aus der Kernenergie aus. Der Anteil der Kernkraftbefürworter war auf 29 % geschrumpft.[95]

Die Reaktionen in Parlamenten, Parteien und Verbänden

Der 14. Mai 1986 markierte den Start der politischen Bewältigung des Tschernobyl-Unglücks in der Bundesrepublik Deutschland. Noch vor der Fernsehansprache Michail Gorbatschows traten verschiedene Landesparlamente sowie der Bundestag in Bonn zusammen.

In seiner knapp 40-minütigen Regierungserklärung bezog sich Helmut Kohl ausführlich auf die Reaktorkatastrophe in Tschernobyl. Zwar räumte er »Sorge, Unruhe, auch Angst« bei der Bevölkerung ein, betonte aber zugleich, dass es eine »absolute Sicherheit [...] für keinen Bereich des menschlichen Lebens« gebe.[96] Stattdessen hob der Kanzler die »Chancen des Fortschritts durch Kernkraft« und die »größtmögliche Sicherheit« deutscher Atomkraftwerke hervor und folgerte daraus, dass »das theoretisch verbleibende Restrisiko vertretbar und die Nutzung der Kernenergie ethisch zu verantworten« sei: »Es geht jetzt nicht um den deutschen Ausstieg aus der Kernenergie, sondern um den Einstieg in eine internationale Anstrengung für mehr Sicherheit.«[97]

Daher kündigte Kohl eine fünf Punkte umfassende Initiative der Bundesregierung an, wonach Generalsekretär Gorbatschow um genauere Informationen zu dem Ausmaß des Reaktorunglücks gebeten werden sollte. Ferner strebte seine Regierung eine Sondersitzung der Internationalen Atomenergiebehörde (IAEA), eine internationale Konferenz zur Reaktorsicherheit, schnelle und unbürokratische Hilfen für die durch den Fallout betroffenen Berufsgruppen sowie die Einrichtung einer Sachverständigenkommission zur Ausarbeitung von Richtlinien für den Fall zukünftiger »erhöhter Strahlenbelastung« an.[98]

Die Redner von Union und FDP schlossen sich dieser Position an, insbesondere die Beiträge des liberalen Koalitionspartners betonten die Notwendigkeit der friedlichen Nutzung der Kernenergie. Für den ehemaligen Bundeswirtschaftsminister Otto Graf Lambsdorff (1926–2009) bot Tschernobyl »keinen konkreten und aktuellen Anlaß« für eine Neubewertung der Sicherheit der westdeutschen Nuklearanlagen.[99]

Dies sah die Opposition naturgemäß anders. Der SPD-Fraktionsvorsitzende Hans-Jochen Vogel (1926–2020) kritisierte das Agieren des Bundesinnenministers heftig und verglich die Ernsthaftigkeit der Lage mit der in der Hochphase des Terrorismus 1975–1977. Ferner warf er dem Kanzler vor, aus Ereignissen, wie dem Three-Miles-Island-Unfall oder der »Challenger«-Katastrophe nichts gelernt zu haben. Als Konsequenz daraus forderte Vogel u. a. einen Baustopp für Wackersdorf sowie einen mittelfristigen Ausstieg aus der Kernenergie, wozu die Bundesrepublik auch international mit gutem Beispiel vorangehen könne.[100]

Die Grüne-Abgeordnete Hannegret Hönes (*1946) und der hessische Umweltminister Joschka Fischer verlangten hingegen die sofortige Abschaltung aller bundesdeutschen Atomanlagen. Scharf rechnete Hönes mit der Informationspolitik der Bundesregierung ab und mahnte: »Strom können wir produzieren, gesundes Brot nicht mehr.« Den Atomkraftbefürwortern warf sie in angesichts der Reaktorkatastrophe eine »Stalingrad-Mentalität« vor, »weil es offiziell in Ihren Köpfen kein

Atomrisiko geben darf, weil Sie sich solche kritischen Gedanken gar nicht zugestehen, weil Sie es sich gar nicht leisten können, solche Gedanken noch zuzulassen, haben Sie das Restrisiko erfunden, eine Art Notlüge, wie sie schäbiger und beschämender nicht sein kann.«[101]

Joschka Fischer griff ebenfalls den in diesen Tagen arg stark strapazierten Begriff des »Restrisikos« auf und bezeichnete die andauernde Hervorhebung der Sicherheit der bundesdeutschen AKWs als »eine zivile Fortsetzung des deutschen Wunderwaffenglaubens unseligen Angedenkens«. Zugleich kündigte Fischer Pläne seiner Partei an, eine Verfassungsklage gegen den weiteren Betrieb von Kernkraftwerken einzureichen.[102]

Infobox 6: Wenn eine theoretische Größe Realität wird: Restrisiko

Das »Roempp-Lexikon Umwelt« definiert »Restrisiko« als »das trotz aller ingenieur- und verfahrenstechnischen Maßnahmen verbleibende Risiko des Versagens einer technischen Anlage.« Ursprünglich stammt das Wort jedoch weder aus den Ingenieur- noch den Naturwissenschaften, sondern findet sich als »immanentes Restrisiko« um 1930 im Zusammenhang mit betriebswirtschaftlichen Kalkulationen.[103]

Als sich nach dem Bau erster Atomkraftwerke in den USA die versicherungswirtschaftliche Frage nach einer möglichen Schadenshöhe stellte, waren Gutachten über die Wahrscheinlichkeit von Nuklearunfällen notwendig. Der »Rasmussen-Report« von 1975 hatte dabei größten Einfluss, auch auf den politischen Diskurs. Der Report verglich u. a. mögliche nukleare Unfälle mit anderen Industrieunglücken sowie Naturkatastrophen und errechnete daraus eine Eintrittswahrscheinlichkeit schwerer Atomunfälle von 1:100 Milliarden. Die Gefahr, die von 100 Kernkraftwerken westlicher Bauart ausging, sei statistisch so groß wie die Möglichkeit eines Meteoriteneinschlages. Die Studie stieß auf heftige Kritik, diente aber zugleich den Atomkraftbefürwortern als schlagkräftiges Argument.[104] Ungeachtet dessen verweigerte schon 1970 Bundesforschungsminister Hans Leussink (1912–2008) dem Chemiekonzern BASF die Erlaubnis, auf dem Gelände des Stammwerks in Ludwigshafen am Rhein ein Kernkraft-

---

werk zu bauen, mit der Begründung, dass es das »Restrisiko« nicht zulasse, Reaktoren »in unmittelbarer Stadtnähe« zu errichten. Damit war der Begriff in der nuklearen Kontroverse als eine Art »Verdikt« angekommen. Kernenergiebefürworter und Atomindustrie wandelten jedoch den Wortsinn u. a. mit Verweis auf den »Rasmussen-Report« in einen Sicherheitsterminus um, was Kritiker spätestens nach dem Reaktorunglück von Tschernobyl als katastrophale Verharmlosung oder gar als »Lügenbegriff« brandmarkten.[105]

Im saarländischen Landtag begründete unterdessen Ministerpräsident Oskar Lafontaine (*1943) seine Forderung nach einem Atomausstieg mit den Worten: »Energien, die nicht beherrschbar sind, sind nicht akzeptabel«, über die Art und den verbleibenden Zeitraum der friedlichen Nutzung der Kernkraft machte er hingegen keine genaueren Angaben, während sein Hamburger Kollege Klaus von Dohnanyi (*1928) vor überstürzten Entscheidungen warnte.[106]

Wie nicht anders zu erwarten, forderte im Bayerischen Landtag Ministerpräsident Franz Josef Strauß »ohne Wenn und Aber« eine Fortsetzung des Kernenergieprogramms.[107] Ohne diese Technologie würde die »hochzivilisierte, hochindustrialisierte und sehr anspruchsvolle Gesellschaft« Verteilungskämpfe erleiden, die sie »auf ein primitives Niveau zurückwerfen würden«. Der ehemalige Atomminister verteidigte seinen energiepolitischen Kurs und stellte einen baldigen Durchbruch in der Kernfusion um das Jahr 2000 in Aussicht.[108] Damit erteilte er allen Ausstiegsplänen eine klare Abfuhr und beklagte, dass gegen die friedliche Nutzung der Atomkraft »eine Art Hexenprozeß« geführt werde. Das Kraftwerk von Tschernobyl hingegen bezeichnete er als »Einstieg in die militärische Plutoniumwirtschaft«. Dabei unterstrich Strauß die Überlegenheit der »westlichen Technik« und führte – ausgerechnet – die Entsendung der »modernsten, technischen Geräte« der Kernforschungsanstalt Karlsruhe an den Unfallort als Beispiel an.[109] Auch zum Begriff des »Restrisikos« hatte Strauß seine eigenen Vorstellungen: »Wer absolute Sicherheit verlangt, der darf nicht einmal zu Fuß gehen.«[110]

Die Debatten in den anderen Länderparlamenten verliefen trotz unterschiedlicher Mehrheitsverhältnisse im Grunde ähnlich. Im Überblick betrachtet, schien die Haltung gegenüber der Atomkraft in der Bundesrepublik einem Rechts-Links-Schema zu folgen. Konservative und Liberale befürworteten die Fortführung dieser Technologie, während Sozialdemokraten zusehends zum Ausstieg tendierten, den alternative und ökologische Kräfte, wie die Grünen, als einen unbedingten Grundpfeiler ihrer Politik ansahen. Eine Ausnahme stellte in dieser Hinsicht die DKP dar, deren realer Einfluss auf die politische Willensbildung in der Bundesrepublik auf Bundes- und Landesebene jedoch nahezu unbedeutend war. Die DKP-Parteispitze ging völlig konform mit der Haltung Moskaus in der Frage der friedlichen Nutzung der Kernenergie und sprach im Mai 1986 nur von einem »Zwischenfall« in Tschernobyl. Publizistisch erhielt der DKP-Bundsparteitag 1986 in Hamburg deshalb Beachtung, weil der als Gastredner geladene Moskauer Parteichef Boris Jelzin (1931–2007) nach dem Bekanntwerden des Reaktorunglücks plötzlich ein begehrter Interviewpartner in den Medien war.[111]

Zwar nannten fast alle Parteien unter dem Eindruck der Ereignisse von Tschernobyl ab dem 13. Mai 1986 die Kernkraft nur noch eine »Übergangstechnologie«, wie dieser Begriff aber auszulegen war, darüber gingen die Meinungen weit auseinander. Doch auch quer durch die Parteien verliefen die Bruchlinien zwischen Befürwortern und Kritikern der Kernkraft. So meldeten sich sowohl in der CDU mit dem nordrhein-westfälischen Landesvorsitzenden Kurt Biedenkopf (*1930) als auch seinem saarländischen Kollegen Peter Jacoby (*1951) nachdenkliche Stimmen zu Wort, die einen längerfristigen Verzicht oder zumindest ein Moratorium beim Ausbau der Kernenergie forderten. Selbst der Vorsitzende der Münchener CSU, Erich Kiesl (1930–2013), sprach sich für eine »Denkpause« aus.[112]

Doch diese Stimmen repräsentierten nicht die Mehrheit in der Union und schon gar nicht in der Bundesregierung. »Nicht wanken« hatte Bundeskanzler Kohl vom Tokioter Weltwirtschaftsgipfel als Parole der ersten Stunde nach dem Bekanntwerden des Reaktorunglücks ausgegeben, die »Prinzipienfrage« stellte sich erst gar nicht. Zurück in Bonn verfolgte er zielstrebig diese Linie. »Natürlich ist das wie ein Naturereignis über uns gekommen, was da in der Ukraine in Tschernobyl passiert ist«, deutete es der Kanzler noch Wochen später. Für ihn und seine Umfeld kam das Unglück »wie aus heiterem Himmel«.[113] Noch mehr als die recht dürftige Informationspolitik Moskaus erboste die Parteistrategen in der Union die Tatsache, dass Tschernobyl nicht nur die Existenz der bundesdeutschen Atomwirtschaft in Frage stellte, sondern auch den politischen Kräften links der Union Zulauf bescheren konnte. Im Hinblick auf die bevorstehende Landtagswahl in Hannover warnte Generalsekretär Heiner Geißler (1930–2017):

> »Es wäre ein Treppenwitz in der Geschichte der deutschen Parlamentswahlen, wenn wegen des Unfalls in einem technisch absolut unzulänglichen Kernkraftwerk und der daraus entstehenden unverantwortlichen Gefährdung der deutschen Bevölkerung ausgerechnet die Linke in der Bundesrepublik Deutschland über eine solide und erfolgreiche Politik der CDU in Niedersachsen triumphieren würde.«[114]

Die niedersächsische Wirtschaftsministerin Birgit Breuel (*1937) erklärte dazu: »Die Menschen in Tschernobyl sind nicht an zu viel, sondern an zu wenig Technik gestorben.«[115]

Ähnlich sah es auch der rheinland-pfälzische Umweltminister Klaus Töpfer, als er Ende Mai 1986 forderte »[n]icht Verzicht«, sondern »bessere, sicherere Technik« sei die Antwort auf Tschernobyl. Gleich Bundesforschungsminister Riesenhuber verknüpfte auch Töpfer die Probleme der Entwicklungsländer mit einem möglichen Atomausstieg: Beide warnten davor, dass ein Atomausstieg zu einer verstärkten Nachfrage nach fossilen Brennstoffen in den Industrienationen führen würde, die dann vor allem zu Lasten der Entwicklungsländer ginge. Mit dieser Argumentation waren beide nicht weit von den Thesen der sowjetischen Kernkraftbefürworter um Anatoli Aleksandrow entfernt.[116] Darauf aufbauend fanden sich zahlreiche andere Argumente gegen einen Atomausstieg: Während Staatsminister Lutz Stavenhagen (1940–1992) Ende Juni 1986 vor einem »dritten Ölpreisschock« warnte, verwies CSU-Generalsekretär Gerold Tandler (*1936) für den Fall eines Atomausstiegs auf die immensen Verluste u. a. bei der Gewerbesteuer, die »sämtlichen Bewegungsspielraum« für sozialpolitische Aufgaben nehmen würde. Sein Parteichef gab sich unterdessen »ökologisch«. In Bezug auf Überlegungen, bei einem möglichen Atomausstieg mehr Kohlekraftwerke in Betrieb zu nehmen, mahnte Franz Josef Strauß im Oktober 1986: »Der vermehrte Ausstoß von Kohlendioxid würde zu einer Klimakatastrophe größten Ausmaßes führen. Das wäre ein Verbrechen an der Menschheit.«[117] Für den bayerischen Ministerpräsidenten war ein möglicher Atomausstieg »der Weg von Dummköpfen und Feiglingen«, die Anti-AKW Demonstranten »apokalyptische Idioten«. Die Ursachen des Reaktorunfalls sah Strauß in der »Hochrüstungspolitik« und der kommunistischen Ideologie. Daher solle man das System anklagen, »nicht die Technik, die von diesem System mißbraucht werde.«[118] Der Sozialpsychologe Heiner Keupp (*1943) berichtete 1986 davon, dass in Münchener CSU-Schaukästen zu lesen war: »Vergeßt nicht, es ist ein sozialistischer Reaktor!« Die eigenen Anlagen waren für Strauß hingegen sicher, die geplante Wiederaufarbeitungsanlage von Wackersdorf sei nicht gefährlicher als eine »Fahrradspeichenfabrik«.[119]

In er Tat kann man die exponierte Haltung Bayerns zur Kernkraft als einen Sonderfall unter den Bundesländern ansehen, dessen Gründe nicht nur in der ideologischen Ausrichtung der Regierungspartei, sondern auch in den historischen Wirtschaftsstrukturen des Landes zu suchen sind. Bayerns Industrialisierung litt von Anfang an darunter, dass es im Kernland keine ausreichenden Kohlevorkommen gab. Weder der zeitweilige Zugriff auf die Steinkohlevorkommen im bayerischen Saargebiet noch die bis in die 1980er-Jahre genutzten Braunkohlevorkommen in der Oberpfalz konnten dieses Problem lösen. Um nicht auf dem Stand eines Agrarstaates stehen zu bleiben, trieben schon die Amtsvorgänger von Franz Josef Strauß die Erforschung und Nutzung der Atomkraft seit den 1960er-Jahren massiv voran. Ziel war es, durch Reaktoren vom Typ »Schneller Brüter« und den dazugehörigen Wiederaufarbeitungsanlagen einen neuen Wirtschaftszweig im »revierfernen« Freistaat zu etablieren. Die Lieferung von billigem Strom sollte zugleich Industriebetriebe anlocken. All dies drohte nun Tschernobyl in Frage zu stellen.

Strauß hielt deswegen auch den Druck innerhalb der Union und der Bonner Koalition zur Fortsetzung der Kernenergiepolitik aufrecht, wobei er vor allem beim Bundeskanzler sowie dem CDU-Generalsekretär Heiner Geißler Unterstützung fand.[120]

Helmut Kohl legte seine Agenda mit den Konsequenzen aus dem Reaktorunglück dem CDU-Bundesvorstand Anfang Juni 1986 vor: Demnach sollte sich die Partei offen für die Sorgen und Ängste der Bürger zeigen, den Ausbau alternativer Energie vorantreiben und die Bevölkerung vom hohen Sicherheitsstandard bundesdeutscher AKWs überzeugen. Doch die – in seinen Augen –»hysterischen« Reaktionen nach dem Reaktorunglück konnte der Bundeskanzler nicht nachvollziehen. Vielmehr sah er in einer unbeschreiblichen »Saturiertheit« innerhalb der Bevölkerung deren Ursachen. Ähnlich hatte er sich schon gegenüber dem belgischen Premier Wilfried Martens (1936–2013) bei dessen Besuch in Bonn im Mai 1986 geäußert. Kohl verglich die schwierige Situation nach Tschernobyl mit der Stationierungsdebatte der frühen 1980er-Jahre, da es sich zum Teil auch um die gleichen Demonstranten handelte. Die Wähler der Grünen beschrieb er als junge Leute »aus wohlhabenden Schichten, auch aus dem kirchlichen Bereich und hier wiederum vor allem aus der evangelischen Kirche«. Diesem »linken Demonstrationspotenzial« unterstellte der Kanzler weiterhin, vom KGB oder der ostdeutschen Staatssicherheit gelenkt zu werden.[121]

Daher kannte der Bonner Regierungschef keine Gnade, wenn in seinem Umfeld jemand vom eingeschlagenen Weg in der Energiepolitik abwich. Dies musste auch FDP-Bundeswirtschaftsminister Martin Bangemann (*1934) Anfang September 1986 erfahren, als zwei Gutachten aus seinem Haus bekannt wurden, die einen Atomausstieg für machbar hielten. Wütend warf Kohl einem Gutachter vor, ein »kohleorientierter Kernkraftgegner« zu sein, weil dieser aus dem Ruhrgebiet stamme.[122] Die Schelte war gegenüber dem Wirtschaftsminister umso überraschender, als die FDP den Kurs der Union bei der Kernenergie unterstützte. Gerade Martin Bangemann war es gewesen, der im Mai 1986 die Atomkritiker in der CDU als »Lämmerschwänze« bezeichnet hatte. Sein Parteikollege und Bundesjustizminister Hans A. Engelhard (1934–2008) unterstellte den Grünen sogar, die »moderne Industriegesellschaft in einen vorsintflutlichen Agrarstaat verwandeln zu wollen.«[123]

Doch auch innerhalb der FDP hinterließ Tschernobyl seine Spuren. Der für das Wochenende vom 23. bis 25. Mai 1986 in Hannover angesetzte Bundesparteitag verlief inhaltlich anders, als es die Parteispitze erwartet hatte. Die Mehrheit der Delegierten sah in der friedlichen Nutzung der Atomkraft nur noch eine »Übergangslösung«.[124] Bundespolitisch hatten diese Beschlüsse jedoch keine Auswirkungen. Die Bonner Koalition hielt an ihrem Kurs fest. Im September 1986 erklärte Bundeswirtschaftsminister Bangemann bei der Vorlage des Energieberichts, dass ein Ausstieg aus der Kernenergie »weder kurz- noch mittelfristig zu verantworten« sei.[125]

Die SPD repräsentierte schon vor dem Reaktorunglück die ganze Bandbreite des Meinungsspektrums in dieser Frage. Während die hessischen Genossen, ähnlich den Plänen der CSU in Bayern, in der strukturschwachen Region um Borken einen modernen Hochtemperaturreaktor planten, gehörte die saarländische SPD unter Ministerpräsident Lafontaine zu den entschiedensten Gegnern der Kernkraft. Die Ereignisse der Wochen und Tage nach Tschernobyl beschleunigten die Ausstiegsdebatte in der Partei. Ende Juli 1986 veröffentlichte der nordrheinwestfälische Wirtschaftsminister Reimut Jochimsen (1933–1999) eine bei der Basler Prognos AG in Auftrag gegebene Studie über die Machbarkeit eines Atomausstiegs. Die Untersuchung kam zu folgendem Schluss: Ein sofortiges Abschalten hätte regionale Engpässe in der Stromversorgung zur Folge und sei nicht zu empfehlen. Dagegen sei ein schrittweiser Ausstieg ohne Versorgungsprobleme möglich, wenn zugleich moderne Kohle- und Ölkraftwerke ans Netz gingen. Als volkswirtschaftlich günstigste Variante empfahl die Studie das allmähliche Auslaufen der Reaktoren bis zum Ende ihrer betrieblichen »Lebensdauer«. Demnach sollte die letzte Anlage im Jahre 2018 vom Netz gehen, ohne dass Kraftwerksbetreiber enteignet oder entschädigt werden müssten.[126] Basierend auf diesem und weiteren Gutachten erarbeitete die Kommission »Sichere Energieversorgung ohne Atomkraft« unter Leitung des ehemaligen Bundesforschungsministers Volker Hauff (*1940) ein Konzept, wonach ein Atomausstieg innerhalb von zehn Jahren vollzogen werden könne.[127]

Auf Basis dieses Papiers legte sich die SPD auf dem Nürnberger Parteitag vom August 1986 endgültig auf den Ausstieg aus der Kernenergie fest. Doch nicht nur aus dem konservativ-liberalen Lager hagelte es Kritik für diese Haltung. Schon im Mai 1986 hatte der sowjetische Staatspräsident Andrej Gromyko (1909–1989) anlässlich eines Besuches von Oskar Lafontaine in Moskau die Ansicht vertreten, dass »eine weitere Entwicklung der Industrienationen ohne Kerntechnologie unrealistisch sei«. Zugleich beklagte er sich bei seinem Gast über die bundesdeutsche Anti-Atomkraftbewegung, die eine gegen die Sowjetunion gerichtete Kampagne betreibe. Beiden Seiten wurde bei dem Treffen wohl klar, dass der Begriff der »Anti-Atombewegung« in der Bundesrepublik Deutschland eine andere, umfangreichere Bedeutung besaß als in den sozialistischen Staaten, wo sich dieser nur auf die nukleare Abrüstung beschränkte.[128] Die entschiedenste Position in dieser Frage vertraten die Grünen. Hatte die Bundespartei schon vor Tschernobyl ein Positionspapier zum »Umbau der Industriegesellschaft« vorgelegt, so konnten sich deren Vertreter und Wähler nun in ihren Befürchtungen bestätigt sehen. »Recht behalten kann ein großes Unglück sein« – mit diesen Worten brachte es die grüne Fraktionssprecherin Hönes im Deutschen Bundestag am 14. Mai 1986 auf den Punkt. Dabei war sich die Partei nicht nur den Erwartungen und Ängsten der Menschen, sondern auch der Dynamik der Ereignisse durchaus bewusst. Angesichts der gewaltsamen Ausschreitungen, wie in Brokdorf oder Wackersdorf, forderte der Sprecher der Bundes-Grünen, Lukas Beckmann (*1950), »eine klare und öffentliche Distanzierung« von den Autonomen.[129]

Auch außerhalb des Parteienspektrums regten sich Bedenken und Widerstand gegen die Kernenergie. Beide große Kirchen äußerten ihr Unbehagen: War Tschernobyl nach den Worten des Ratsvorsitzenden der Evangelischen Kirche in Deutschland, Martin Kruse (*1929), »ein Warnsignal an die Menschheit«, so bezeichnete der Kölner Erzbischof und Vorsitzende der Deutschen Bischofskonferenz Joseph Kardinal Höffner (1906–1987) die Atomkraft als die »allergefährlichste« aller Energien und sprach sich für einen raschen Ausstieg aus.[130]

Weitaus stärker als in jeder Partei verlief ein tiefer Riss innerhalb der Gewerkschaften. Gehörten diese – wie die SPD – bis in die 1980er-Jahre zu den stärksten Befürwortern der Kernkraft, da diese saubere und sichere Arbeitsplätze versprach, so ergab sich je nach Branche ein völlig unterschiedliches Stimmungsbild. Dies zeigte sich deutlich im Juli 1986, als auf einer Betriebsrätekonferenz aus den Bereichen Energie- und Kraftwerkswirtschaft in Dortmund knapp 900 Arbeitnehmervertreter einen Ausstieg aus der Kernenergie vehement ablehnten und teils scharfe verbale Angriffe gegen die Spitze des Deutschen Gewerkschaftsbundes (DGB) sowie gegen SPD und Grüne richteten.[131]

Ende Mai 1986 meldete sich der Bundespräsident Richard von Weizsäcker (1920–2015) zu Wort. Angesichts der Ereignisse und der vorherrschenden Verunsicherung sei es für die gewählten Politiker eine Pflicht, »innezuhalten« und Gutachten über eine langfristige Planung der Energiepolitik in Auftrag zu geben. Nach Tschernobyl sei eine »uneingeschränkte Fortsetzung des Ausbaus der Atomenergie nicht mehr möglich«. Diese Worte wurden in der Öffentlichkeit umso aufmerksamer aufgenommen, da mit dem Bruder des Bundespräsidenten, Carl-Friedrich von Weizsäcker (1912–2007), einer der bekanntesten deutschen Physiker schon zuvor deutlich auf Distanz zur Kernenergie gegangen war[132]

Die Bundesregierung ergreift die Initiative

Die nach den Ereignissen von Tschernobyl in die Defensive geratene Bundesregierung versuchte ab Mitte Mai 1986 durch einen Befreiungsschlag die Initiative wieder zu ergreifen. Schon einen Tag vor der Debatte im Deutschen Bundestag hatte Kanzler Kohl am 13. Mai 1986 einen Brief an Michail Gorbatschow verfasst. Darin sprach er anlässlich des Reaktorunglücks im Namen der deutschen Bevölkerung seine Anteilnahme aus, verbunden mit der dringenden Bitte um genauere Informationen über das Ausmaß des Unfalls. Ferner schlug Kohl eine Sonderkonferenz aller Nuklearanlagen betreibenden Staaten in der Bundesrepublik Deutschland vor und wiederholte abschließend sein Angebot »zu jeder bilateralen Hilfe und Zusammenarbeit«. Das Schreiben des Bundeskanzlers wurde im Kreml sehr positiv aufgenommen, Michail Gorbatschow begrüßte den Inhalt, die Vorschläge gingen »in die richtige Richtung«.[133]

Kohls Brief markierte den Startschuss zu einer ganzen Reihe von Initiativen zwischen Bonn und Moskau im Bereich der Reaktorsicherheit, die schon im April 1987 mit einem bilateralen Rahmenabkommen über wissenschaftlich-technische Zusammenarbeit erste Früchte trug.[134]

Zu der von Kohl vorgeschlagenen internationalen Konferenz über Reaktorsicherheit in Bonn kam es nicht. Zwar nahmen die 31 angesprochenen Staaten diese Initiative sehr positiv auf, doch sprachen sich fast alle dafür aus, dieses Treffen im Rahmen der Internationalen Atomenergie-Organisation (IAEA) abzuhalten. Diesem Votum schloss sich die Bundesregierung an. Das Ergebnis war eine Sondersitzung der IAEA-Generalkonferenz vom 24. bis 26. September 1986 in Wien. 51 Staaten unterzeichneten dabei zwei Übereinkommen über die frühzeitige Benachrichtigung sowie über die gegenseitige Hilfeleistung bei Nuklearunfällen. Seine erste Nagelprobe erlebte das Abkommen nur wenige Tage nach der Ratifizierung, als es auf dem sowjetischen Atom-U-Boot K-219 vor der Ostküste der USA zu einer Explosion kam.[135]

Infobox 7: Havarie vor den Bermudas: K-219

Am 3. Oktober 1986 kam es östlich der Bermuda-Inseln in etwa 50 Meter Tiefe zu einer Explosion im sowjetischen Atom-U-Boot K-219, drei Mann waren sofort tot. Eingedrungenes Meerwasser hatte den Treibstoff in einer der Atomraketen entzündet, die Besatzung rettete sich durch ein Notauftauchmanöver. Doch die Schäden waren derart gravierend, dass das Boot nicht mehr einsatzfähig war, in den Atomreaktoren drohte die Kernschmelze. Es gelang zwei Besatzungsmitgliedern, den Nuklearantrieb von Hand abzuschalten, was einer der Matrosen mit den Leben bezahlte.

Die manövrierunfähige K-219 nahm daraufhin Kontakt mit einem sowjetischen Frachter auf, um in Schlepptau genommen zu werden, Schiffe und Flugzeuge eilten u. a. aus Kuba zur Hilfe. Während die Mannschaft auf den Frachter »Krasnogvardejsk« evakuiert wurde, blieb Kapitän Igor Britanow (*1950) mit einem Havariekommando an Bord. Als es beim Abschleppen jedoch immer wieder zu Problemen kam, gab der Kapitän am 6. Oktober 1986 um 11:00 Uhr sein Boot auf. Es ist unklar, ob die Schäden zum Untergang führten oder Britanow die K-219 absichtlich in einem für amerikanische Spionageversuche unzugänglich tiefen Meeresbereich versenkte. Jedenfalls sorgten die Bedingungen vor Ort dafür, dass eine mögliche Bergung des U-Bootes durch die Amerikaner unmöglich war. Untersuchungen des Meeresbodens zeigten später eine radioaktive Verseuchung.

Die atomaren Sprengköpfe hatten dem Wasserdruck in 6 000 Meter Tiefe nicht standgehalten.

Da der Unfall im Vorfeld des nur wenige Tage später in Reykjavik geplanten Treffens zwischen Ronald Reagan und Michail Gorbatschow stattfand, waren beide Seite bemüht, die Bedeutung der Ereignisse herunterzuspielen. US-Verteidigungsminister Caspar Weinberger (1917–2006) meinte dazu: »It looks a little bit like Chernobyl.«[136]

Weitaus brisanter aus Bonner Sicht war das Problem einer Entschädigung der durch den Reaktorunfall betroffenen Branchen. Hatte der Bundeskanzler diesen Punkt aus diplomatischen Gründen in seinem Schreiben an Michail Gorbatschow ausdrücklich nicht erwähnt, so konnte auch die Wiener IAEA -Konferenz in dieser Frage keine Einigung erzielen. Unmittelbar nach dem Bekanntwerden des Reaktorunfalls von Tschernobyl waren Stimmen laut geworden, die einen Schadensersatz von der Sowjetunion nach dem Verursacherprinzip forderten. Fachleute beurteilten die Aussicht auf Erfolg aber eher skeptisch.[137] Dennoch erklärte ein Vertreter des Bonner Innenministeriums schon am 4. Mai 1986, dass die Bundesregierung mögliche rechtliche Schritte gegen Moskau prüfe.[138]

Die sowjetische Antwort auf mögliche bundesdeutsche Regressforderungen war eine böse Überraschung. Für Mittwochabend, den 14. Mai 1986 hatte der sowjetische Botschafter Julij Kwizinzkij zahlreiche Journalisten anlässlich der Übertragung von Gorbatschows Fernsehansprache in die Bonner Vertretung seines Landes eingeladen. Bei der anschließenden Diskussion wies er nicht nur die Kritik an der Informationspolitik des Kremls zurück, sondern verblüffte die Anwesenden mit seinen Antworten. Auf die Frage, was die Menschen in der Sowjetunion in puncto Schadensersatz wohl erwarteten, wenn am Rhein ein Reaktor explodiere und der Wind die Wolke nach Osten wehen würde, entgegnete Kwizinzkij lakonisch, er gehe davon aus, dass es eine solche Reaktorexplosion in der Bundesrepublik gar nicht geben könne. War dies schon eine sarkastische Anspielung auf die Beteuerungen von bundesdeutscher Politik und Wirtschaft, die einen derartigen Unfall im eigenen Land für »unmöglich« hielten, so überbot Kwizinzkij dies noch, als er die Reaktion der Deutschen auf Tschernobyl als »übertrieben« bezeichnete und für diese sehr umstrittene Ansicht einen »Kronzeugen« aufrief: Friedrich Zimmermann! – Hatte doch der Bundesinnenminister in seinem Interview vom 29. April vor laufenden Kameras betont, dass eine Gefährdung »absolut ausgeschlossen« sei. Die Zeitungen der nächsten Tage waren voll mit Titeln wie *Kronzeuge Zimmermann*. Der Bonner Korrespondent der »Rhein-Neckar-Zeitung« kommentierte den Vorgang mit der Schlagzeile *Wie sich regierungsamtliche Verharmlosungen rächen können*.[139]

Der angesprochene Bundesinnenminister reagierte voller Empörung und nannte Kwizinzkijs Ausführungen »infam«. Regierungssprecher Friedhelm Ost (*1942) zeigte sich von dieser Begründung ebenfalls nicht sehr angetan: »Die Bundesregierung ist der Ansicht, daß es der sowjetischen Führung gut angestanden hätte, mehr Verständnis für die Verunsicherung unserer Bevölkerung zu zeigen und sich auch zu Fragen zu äußern, wie sie den materiellen Schaden, der vor allem in der Bundesrepublik Deutschland entstanden ist, wieder gutmachen will.«[140]

Damit war der deutsch-sowjetische Disput um Schadensersatz eröffnet. Die sowjetische Nachrichtenagentur TASS bezeichnete am 19. Mai die deutschen Forderungen angesichts der »nicht wiedergutzumachenden Schuld« aus dem Zweiten Weltkrieg als »Frechheit«. Doch Vertreter der bundesdeutschen Politik wiesen diese Reaktion als »unangemessen« zurück.[141] Die Frage nach Schadensersatz blieb offen. Noch im November 1986 hieß es im Tschernobyl-Bericht der Bundesregierung dazu: »Die Frage des Bestehens, des Umfangs und der Durchsetzung völkerrechtlicher Ansprüche auf Schadensersatz gegen die Sowjetunion wird in verschiedenen internationalen Gremien unter aktiver Beteiligung der Bundesregierung geprüft. Angesichts der Weigerung der Sowjetunion, derartige Ansprüche anzuerkennen, und des Fehlens einer internationalen Schiedsinstanz richtete die Bundesregierung ihre Bemühungen verstärkt auf eine Verbesserung des internationalen Haftungssystems für Reaktorunfälle [...].«[142] Doch die Angelegenheit verlief nach einigen Monaten im Sande – oder wie es Manfred Fritz (*1946) von der Heidelberger »Rhein-Neckar-Zeitung« im Mai 1986 zum Thema Schadensersatz prophetisch vorausgesagt hatte: »Tschernobyl ist nirgends, und der Kopfsalat fault derweil auf dem Mist«.[143]

Schon am 2. Mai 1986 hatte daher der Deutsche Bauernverband auf eine entsprechende Entschädigung für die abzusehenden Einkommensverluste gedrungen. Zwar zeigte sich die Politik für das Anliegen offen, doch Bund und Länder schoben sich die Verantwortung für die zu erwartenden Kosten gegenseitig zu. Nach mehreren Verhandlungsrunden einigte man sich am 2. August 1986 auf einen Modus, wonach der Bund zwei Drittel und die Länder ein Drittel der Kosten zu tragen hatten.[144]

Auf dieser Basis flossen bis Oktober 1986 über 280 Millionen DM an Geschädigte aus der Landwirtschaft, weitere 125 Millionen DM wurden für andere Schadensfälle bereitgestellt. Die Kosten verbuchte Finanzminister Gerhard Stoltenberg (1928–2001) als »außerplanmäßige Mittel« im Bundeshaushalt. Allerdings waren bis zum Ende des Jahres mehr als 120 Klagen beim Bundesverwaltungsgericht Köln anhängig, in denen es um verweigerte Schadensersatzzahlungen ging. Bis Ende April 1987 zahlten Bund und Länder insgesamt 430,5 Millionen DM, dazu kamen noch weitere 5,8 Millionen, die Bayern und Baden-Württemberg u. a. für andere betroffene Branchen, wie z. B. Reiseveranstalter aufbrachten.[145]

Wie schon bei der Grenzwertdebatte hatte die Diskussion um den Schadensersatz erneut bewiesen, dass eine klare Regelung der Kompetenzen zwischen Bund und Ländern dringend notwendig war. Immer mehr rückte dabei die Rolle des Bundesinnenministeriums in den Fokus. Obschon dessen Handeln in völliger Übereinstimmung mit der Linie der Bundesregierung stand, blieb vor allem das fatale Interview des Innenministers Zimmermann vom 29. April 1986 im öffentlichen Gedächtnis im Zusammenhang mit Ordnungsverlust, Grenzwertewirrwarr und Informationschaos haften.

Walter Wallmann als Krisenmanager – und Hoffnungsträger der Bundesregierung

Es hagelte von allen Seiten Kritik. Nicht nur aus der Opposition: Ministerpräsidenten, CDU-Landespolitiker und der Koalitionspartner FDP beklagten sich über das Bild, das der Bundesinnenminister in der Öffentlichkeit abgab.[146] Am 11. Mai 1986 bezeichnete der Bundesvorsitzende der Jungen Union, Christoph Böhr (*1954), Zimmermann als »seiner Aufgabe nicht gewachsen« und wies darauf hin, dass er dem Kanzler schon mehrfach zur Ernennung eines Umweltministers auf Bundesebene geraten habe. Böhr kassierte für seine Schelte wütende Reaktionen aus der CSU.[147] Doch die heftige Kritik zwang Helmut Kohl zum Handeln. Nach einem Gespräch mit dem CSU-Vorsitzenden und Bayerischen Ministerpräsidenten Franz Josef Strauß berief der Kanzler am 3. Juni 1986 den bisherigen Frankfurter Oberbürgermeister Walter Wallmann (1932–2013) zum »Bundesminister für Umwelt, Naturschutz und Reaktorsicherheit«. Als Begründung führte Kohl die »Zusammenfassung von Kompetenzen und Verkürzung von Entscheidungsprozessen« an, gab aber zu, dass diese Entscheidung »auch« eine Folge von Tschernobyl gewesen sei.[148]

Dabei war Wallmanns Gang nach Bonn schon länger geplant, geriet aber in den ersten Nachrichten über das Reaktorunglück vom 30. April medial zur Nebensache. Das Engagement des promovierten Juristen war von strategischer und zugleich temporärer Art. Der als Frankfurter Oberbürgermeister sehr populäre Wallmann sollte das Kabinett Kohl wirksam verstärken, sich dabei bundesweit profilieren, um für die kommenden Landtagswahlen in Hessen als aussichtsreicher CDU-Spitzenkandidat antreten zu können.[149]

Wer erwartet hatte, dass der neue Bundesumweltminister ökologische Themen in der Bundesregierung vorantreiben oder sich mit der Frage eines wie auch immer gearteten Atomausstiegs befassen würde, sah sich bald getäuscht. Vielmehr traf wohl die Bemerkung des FDP-Vorsitzenden Bangemann zu, der die Errichtung eines Bundesumweltministeriums als eine »richtige, überlegte Antwort« gegenüber den aufkeimenden Technikängsten bezeichnete.[150] In Sachen Kernkraft war es

Wallmanns Ziel, die von Bundeskanzler Kohl vorgegebene Agenda rasch abzuarbeiten. Schon 14 Tage nach seinem Amtsantritt legte der Minister dem neugeschaffenen Umweltausschuss des Deutschen Bundestages einen ersten Zwischenbericht zum Reaktorunglück vor, in dem er u. a. auf eine »einheitliche Vorsorge« für künftige Notfallsituationen drang und auf Basis des für August 1986 erwarteten Tschernobyl-Unfallberichts der Sowjetunion eine Überprüfung der bundesdeutschen Atomkraftwerke ankündigte.[151]

Zwei wesentliche Erfolge seiner Arbeit waren das im Dezember 1986 verabschiedete Strahlenschutzvorsorgegesetz und die Errichtung des Bundesamtes für Strahlenschutz am 1. September 1989.[152] Ziel des Strahlenschutzvorsorgegesetzes war es, »die Radioaktivität in der Umwelt zu überwachen« und die »Strahlenexposition der Menschen« sowie »die radioaktive Kontamination der Umwelt« im Unglücksfall »so gering wie möglich zu halten«.[153] Die Entscheidungskompetenzen sollten zukünftig allein beim Bund liegen. Die Aufgabe der Länder bestand darin, die Radioaktivität u. a. in Lebensmitteln, dem Boden und Pflanzen zu ermitteln und der Zentralstelle des Bundes für die Überwachung der Umweltradioaktivität (später Bundesamt für Strahlenschutz) zu übermitteln. Im Gegenzug war der Bund verpflichtet, die erstellten Daten zu dokumentieren und umgehend an die Länder weiterzugeben. Mit diesen administrativen Maßnahmen wollte die Bundesregierung Handlungsfähigkeit demonstrieren und zeigen, dass man auf zukünftige Ereignisse dieser Art vorbereitet war.[154]

Mit der Ernennung Walter Wallmanns zum Umweltminister fuhr Bundeskanzler Kohl die erhoffte politische Dividende ein. Der »Tschernobyl-Effekt« blieb bei den drei Landtagswahlen 1986 ebenso aus wie bei der Bundestagswahl 1987.[155] Zwar bescherten die Urnengänge den jeweils Regierenden deutliche Verluste, die Grünen konnten jedoch von dem Ereignis kaum profitieren. So resümierte die »Basler Zeitung« Mitte Juni 1986 nach der Landtagswahl in Niedersachsen: »Tschernobyl ist doch nicht überall«.[156]

Die Berichterstattung über den eigentlichen Unglücksort war seit der zweiten Maihälfte immer mehr in den Hintergrund gerückt. Nach den spektakulären Bildern der Löschmittel abwerfenden Helikopter und dem Tunnelbau unter dem Unglücksreaktor nahm die bundesdeutsche

Öffentlichkeit nur noch die ersten Informationen zur Unglücksursache wahr, die ab dem 20. Mai 1986 durchsickerten. Mit dem Beginn der Fußballweltmeisterschaft in Mexiko zehn Tage später verschwand Tschernobyl endgültig von den Titelseiten der Presse. Ironisch sprach die »taz« von »Fußball als Strahlentherapie«.[157] Als am 1. Oktober 1986 die Sowjetunion die Beendigung der Aufräumarbeiten am Unglücksreaktor meldete und jubelnde Liquidatoren am Abluftkamin die rote Fahne hissten, war dies den meisten bundesdeutschen Medien nur noch eine kleine Kurznachricht wert.

3 »Stabilisierung auf einem niedrigen Niveau« – die DDR und der Atomunfall von Tschernobyl

Die Bevölkerung der DDR erhielt die erste Nachricht über das Reaktorunglück im offiziellen Fernsehen des Landes am 28. April 1986 um 20:00 Uhr. Gegen Ende der Hauptnachrichtensendung »Aktuelle Kamera« verlas der Nachrichtensprecher den Wortlaut der kurz zuvor herausgegebenen TASS-Meldung ohne weiteren Kommentar.[1] Diese Verlautbarung druckten erste Zeitungen des Landes schon am folgenden Tag ab. Im Zentralorgan der SED »Neues Deutschland« fand sich diese aus fünf Sätzen bestehende Nachricht auf Seite 5 zwischen Kurznachrichten aus aller Welt, wie *Schweizer Mediziner verlangen Kernteststopp* und *Polizei warf Granate auf Apartheidgegner*, die »Leipziger Volkszeitung« platzierte die Nachricht ebenfalls auf den hinteren Seiten neben der Meldung *Gestohlene Geigen wiederbeschafft*. Andere Blätter, wie die »Dresdner Neuesten Nachrichten«, druckten die TASS-Erklärung erst am 30. April unter der Rubrik »Politik/Roman« ab.[2] Wer auf weitere Erklärungen gewartet hatte, wurde enttäuscht. Während in der westlichen Presse spekulative Schreckensmeldungen die Runde machten, verlasen Presse und Rundfunk in der DDR die nächsten Tage lediglich die Verlautbarungen aus Moskau. Man vermied dabei nicht nur jede Form eines Katastrophenvokabulars, sondern verkündete die »Beseitigung der Havariefolgen« wie Erfolgsnachrichten: So meldete die »Aktuelle Kamera« am 1. Mai 1986 aus Moskau, dass »die Strahlungssituation weiter verbessert werden« konnte, während »Spezialtrupps [...] mit modernster Technik und wirksamen Mitteln« die Umgebung des Kraftwerks »entaktivierten«. Bei der Nachricht von »über 146 in stationärer Behandlung befindlichen Personen« dürften aufmerksame Zuschauer freilich aufgehorcht haben.[3]

Die grundlegenden Fragen, die sich die Menschen in der DDR nach dem Bekanntwerden des Reaktorunglücks stellten, glichen denen in der

Bundesrepublik und in den meisten anderen Staaten: Was passiert am Unglücksort? Kann die Strahlung auch hier gefährlich werden? Sind unsere Kernanlagen sicher?

Die Antwort auf diese Fragen sollte eine Sondersendung am Abend des 30. Aprils 1986 im Anschluss an die »Aktuelle Kamera« geben. Während in den westlichen Medien Experten, Politiker und Journalisten sich in teils heftigen Diskussionen die Köpfe heiß redeten, war dies vom DDR-Staatsfernsehen nicht zu erwarten. Als ausgewiesene Experten des Landes waren der Leiter des Zentralinstituts für Kernforschung in Rossendorf, Günter Flach (1932–2020) und der Direktor des Akademieinstituts für Hochenergiephysik in Zeuthen, Karl Lanius (1927–2010) geladen. Innerhalb von 25 Minuten äußerten sich die Teilnehmer zu den wichtigsten Fragen, wobei über die aktuelle Entwicklung am Unglücksort weder berichtet, geschweige denn spekuliert wurde. Zu den Auswirkungen der freigesetzten Strahlenpartikel erklärte man, dass es in keiner Phase der Entwicklung nach der Havarie eine Gefährdung gegeben hätte, die erhöhte Radioaktivität habe nie Grenzwerte erreicht.[4]

Ferner wies Günter Flach darauf hin, dass man das Ergebnis der genaueren Untersuchungen zum Unfallhergang erst einmal abwarten müsse, betonte aber zugleich die Zuverlässigkeit dieses seit zwölf Jahren in Betrieb befindlichen Reaktortyps. Karl Lanius schloss sich diesen Aussagen an und verwahrte sich gegen die im Westen kursierenden Gerüchte über eine militärische Nutzung des Unglücksreaktors. Tschernobyl diene ausschließlich der Energieerzeugung. Daher äußerte er im Schlusswort der Sendung sein Unverständnis über die westliche Berichterstattung:

>»Wenn man dazu gebracht werde, sich zum Beispiel den Kopf darüber zu
>zerbrechen, ob eine Gefährdung durch radioaktiven Niederschlag, der mit
>dem Ostwind die DDR oder Westeuropa erreicht, eine ernsthafte Bedrohung
>darstelle, dann denke man eben nicht über die Problematik der Abrüstung
>nach«.[5]

Während viele westliche Kernkraftbefürworter in der Reaktorkatastrophe von Tschernobyl das Ergebnis eines Missbrauchs dieser Technologie für das kommunistische System und die Hochrüstungspolitik sahen, warfen östliche Kreise dem Westen wiederum vor, mit einer hysterischen Medienkampagne von Gorbatschows Abrüstungsvorschlägen ablenken zu wollen.[6]

Abb. 7: Screenshot aus der Sondersendung im DDR-Fernsehen zum Reaktorunglück von Tschernobyl am Abend des 30. April 1986: Der Redakteur der »Aktuellen Kamera« Lutz Renner (l.) im Gespräch mit Karl Lanius (m.) und Günter Flach (r.).

Seinen schriftlichen Niederschlag fanden diese Ausführungen in einem am 2. Mai 1986 im »Neuen Deutschland« veröffentlichten Beitrag *Sicherheit – oberstes Prinzip bei der friedlichen Nutzung des Atoms zum Wohle der Menschheit* von Karl Lanius und Günter Flach. Die Sondersendung vom 30. April und der Pressebeitrag vom 2. Mai können als das offizielle Statement der Deutschen Demokratischen Republik zur Tschernobylkatastrophe angesehen werden. So entstand auf den ersten Blick der Eindruck, dass – im Gegensatz zur Bundesrepublik – nicht Politiker, sondern anerkannte Experten eine Bewertung der Gefahreneinschätzung vornahmen oder, wie es Erich Honecker am 7. Mai 1986 ausdrückte, »die Wissenschaftler sprechen« sollten. Doch die Ausführungen von Lanius und Flach waren weder spontan noch unabhängig entstanden. Das Manuskript hatten offenbar schon vor dem Fernsehauftritt am 30. April entweder die beiden Autoren oder – wie es Dorothée de Nève vermutet – die Abteilung »Agitation« des Ministeriums für Staatssicherheit verfasst und mit »Bitte um Aktualisierung« an Erich Honecker geschickt.[7] Tatsächlich berichteten die DDR-Medien in den nächsten Wochen für Ostblockverhältnisse relativ offen über die Ereignisse in Tschernobyl. Der Grund lag jedoch nicht etwa in der Übernahme der »Glasnost«-Politik Gorbatschows, sondern in der geostrategischen Lage. Konnte in den meisten Teilen des Landes Radio und Fernsehen aus dem Westen empfangen werden, so sickerten zudem aus der Volksrepublik Polen Nachrichten über das Ausmaß des Unglücks durch. Daher versuchten die DDR-Behörden erst gar nicht eine Politik der Abschottung zu betreiben, sondern den Aussagen der westlichen Presse eigene Argumente entgegenzuhalten. Die sensationshungrigen und zuweilen gegen den Osten polemisierenden Pressebeiträge machten es den SED-Ideologen leicht, die westdeutsche Berichterstattung als unglaubwürdig darzustellen. Ebenso hilfreich waren jedoch auch die Aussagen von bundesdeutschen Fachleuten und Politikern, die jegliche Kritik an der Atomkraft als »überzogen« oder »hysterisch« abtaten.[8]

Ungeachtet dieser Besonderheiten blieb die Berichterstattung der DDR-Medien zu jeder Zeit linientreu. Als die sowjetischen Medien ab dem 4. Mai 1986 die westliche Berichterstattung über das Reaktorunglück als Hetzkampagne verurteilten und im Gegenzug unzählige Nachrichten über frühere Zwischenfälle in westlichen Nuklearanlagen anführten, taten es ihnen die ostdeutschen Medien sowohl im Inhalt als auch in der Wortwahl gleich.[9] Ebenso verhielt es sich mit der Gewichtung der Themen. Während im Westen Tschernobyl seit dem Bekanntwerden alle anderen Ereignisse regelrecht von den Titelseiten gefegt hatte, ließen die sozialistischen Staaten an der medialen Bedeutung des 1. Mai als »Tag der Arbeit« keine Abstriche zu. So prangten Parolen, wie *Mit erfüllten Plänen zur Berliner Maidemonstration, Bürger und Kollektive mit hohen Auszeichnungen geehrt* oder *Kollektive bekennen sich zu neuen Taten im Wettbewerb* auf den Titelblättern. Diesen standen in der westlichen Berichterstattung Begriffe, wie *Atomkatastrophe, Todesopfer* und *Becquerel* gegenüber.[10]

Unklare Nachrichtenlage und schwierige Kommunikation mit Moskau

Dabei besaß die Regierung der DDR als engster Verbündeter Moskaus keinen Nachrichtenvorsprung vor anderen Staaten. Noch vor der offiziellen TASS-Nachricht sickerten die ersten Informationen über hohe Strahlenwerte in Skandinavien und einen möglichen Reaktorunfall nach einer inoffiziellen Anfrage der IAEA in Wien bei SAAS-Mitarbeitern am frühen Abend des 28. Aprils 1986 durch. Auch der Chef des DDR-Strahlenschutzamtes, Georg Sitzlack (*1923), der sich seit dem 27. April mit einer Expertengruppe zu Konsultationen in Dänemark aufhielt, erfuhr zu dieser Zeit über seine dortigen Gesprächspartner und die Westmedien vom Unglück.[11]

In dieser Situation bezog die Staatsspitze der DDR ihre Informationen im Wesentlichen aus fünf Quellen. Neben dem anfänglich sehr schweigsamen Moskauer Politbüro waren dies die inoffiziellen Verbindungen des Ministeriums für Staatssicherheit (MfS) in die Sowjetunion, die Kontakte über die Streitkräfte beider Länder, die aus eigenen Untersuchungen und Auslandskontakten gewonnenen Erkenntnisse des SAAS und die westliche Presse.

Zwar hatte die Operative Gruppe des Moskauer Politbüros schon am 29. April 1986 beschlossen, eine spezielle Mitteilung für die sozialistischen Bruderstaaten zu verfassen, von einer ausgiebigen Unterrichtung konnte aber dabei keine Rede sein.[12] Als diese dann auf Einladung des stellvertretenden sowjetischen Ministerpräsidenten Aleksej Antonow (1912–2010) am 21. Mai 1986 in Moskau für die Mitglieder des Rats für gegenseitige Wirtschaftshilfe (RGW) erfolgte, waren die dort vorgetragenen Ergebnisse zur Ursache und zum Ablauf des Reaktorunglücks längst im Westen bekannt. So erklärten die Mitglieder der sowjetischen Regierungskommission, dass man über Gründe und Ursachen der Havarie nicht berichten könne, während sowohl in der »Prawda« als auch in ausländischen Zeitungen schon erste Nachrichten von einem verunglückten Sicherheitstest die Runde machten.[13]

An diesem Informationsdefizit über die offiziellen Kanäle änderte sich auch in den nächsten Wochen und Monaten nichts. Weder erhielten die Ostberliner Genossen besondere Informationen, noch folgten Worte des Bedauerns zum durch den Fallout angerichteten Schaden, wie sie Gorbatschow anlässlich des Parteitages der polnischen KP Ende Juni 1986 in Warschau fand.[14]

Stattdessen schrieb der Generalsekretär der KPdSU am 2. Juni 1986 einen Brief an Erich Honecker, in dem er seine Politik des »neuen Denkens« nach Tschernobyl erläuterte und die schon in seiner Rede vom 14. Mai aufgegriffene Idee eines »internationalen Regimes« zur Aufsicht über die friedliche Atomenergie in der IAEA darlegte.[15] Trotz der seit Monaten zwischen beiden Staaten bestehenden Differenzen stand die DDR auf internationalem Parkett treu an der Seite Moskaus. Über das Atomunglück in der Ukraine zeigte sich Honecker offiziell erschüttert, nachdem er auf der Tagung der Staaten des Warschauer Paktes am 10. und 11. Juni durch Gorbatschow von den »Tragödien« erfahren habe, und fügte aber sogleich im Sinne der offiziellen Moskauer Linie hinzu: »Wenn man sich vor Augen führt, was passieren kann, wenn man die friedliche Atomkraft nicht kontrollieren kann, dann ist vorstellbar, wie es in einem Atomkrieg aussehen würde«.[16]

Als wesentlich ergiebiger für die Nachrichtenbeschaffung erwiesen sich inoffizielle Kontakte. Auf militärischer Ebene informierte der sowjetische Generalstabschef Sergej Achromeew (1923–1991) seinen Ostberliner Kollegen Fritz Streletz (*1926) von der Nationalen Volksarmee (NVA). Der für die Koordination der Liquidationsmaßnahmen verantwortliche Achromeew übermittelte so u. a. die Strahlenwerte aus den weißrussischen und litauischen Unionsrepubliken, über Streletz und Egon Krenz (*1937) gelangten diese Informationen zu Honecker.[17]

Weitere wichtige Daten lieferte das SAAS durch seine fachlichen Kompetenzen und die Auslandskontakte. So war den Mitarbeitern des SAAS schon am Abend des 28. April 1986 – wohl durch die Informationen aus Skandinavien – bewusst, dass das Ausmaß der Strahlung und die dabei freigesetzten Spaltprodukte klar auf einen schweren Unfall in einem RBMK-Reaktor hinwiesen.[18]

Die Westmedien waren aus der Sicht der DDR-Regierungsebene aus zweierlei Gründen nützlich. So konnte man aus den dort veröffentlichten Nachrichten Rückschlüsse auf die wahren Ereignisse ziehen, zudem scheute man sich nicht, westdeutsche Nachrichten z. B. über die »Unbedenklichkeit« der Strahlendosen zu übernehmen.[19]

Unklar ist der Beitrag des Ministeriums für Staatssicherheit bei der Informationsbeschaffung. Zwar war es Erich Mielke (1907–2000), der in der Politbürositzung vom 29. April 1986 über die Geschehnisse Bericht erstattete, da der Inhalt jedoch nicht bekannt ist, lassen sich daraus keine Rückschlüsse auf den damaligen Kenntnisstand in seinem Ressort ziehen.

Während in der Bundeshauptstadt Bonn am 29. April Mitarbeiter der sowjetischen Botschaft in Ministerien und beim Deutschen Atomforum um Hilfe baten, wandten sich in der DDR tätige Agenten des Geheimdienstes KGB mit den gleichen Fragen an ihre ostdeutschen Kollegen. Das MfS kam dieser Bitte nach und übergab der sowjetischen Seite am 9. Mai verschiedene Unterlagen, wie wissenschaftliche Abhandlungen, Microfiche-Platten und Computerausdrucke. Daneben lagen auch Empfehlungen führender DDR-Wissenschaftler zu Bekämpfung des Graphitbrandes und der drohenden Kernschmelze bei. So erwog man u. a. den Einsatz von Silikonharzen oder speziellen Latexmischungen, um den Unfallort von der Umwelt abschirmen zu können. Andere gaben Hinweise auf die geplante Untertunnelung und Stabilisierung der Reaktorruine und zum Schutz des Grundwassers, während der Kernphysiker Karl Rambusch (1918–1999) Überlegungen anstellte, die brennenden Reaktorreste in einem tiefen Schacht verschwinden zu lassen. Gerade der letzte Vorschlag wurde anfänglich auch von sowjetischen Experten ernsthaft diskutiert. Diese wollten mittels einer Sprengung den ganzen Unglücksreaktor in ein tiefes Loch stürzen und begraben, was aber an der örtlichen Geologie scheiterte.[20]

SAAS und MfS nahmen das Hilfeersuchen des KGB zum Anlass, um im Gegenzug »im politischen Interesse der DDR« an genauere Informationen über den Unfall zu gelangen. Doch Moskaus Zusage »zum frühestmöglichen Zeitpunkt« Ost-Berlin zu benachrichtigen, erwies sich als sehr interpretationsfähig. Während der Präsident des SAAS, Georg Sitzlack, schon am 2. Mai 1986 in einem Gespräch mit Generalmajor Kleine vom MfS feststellte, dass »im NATO-Staat Dänemark« die gegenseitige Kommunikation »nahtlos« funktioniere und »zwischen den westeuropäischen Staaten ein kontinuierlicher Austausch der aktuellen Meßwerte erfolge«, gab es in der DDR – wie es Sebastian Stude treffend formulierte – keinen »stabilen Informationsfluss« aus Moskau.[21] Für diese Annahme spricht auch die Tätigkeit des im Auslandseinsatz befindlichem Inoffiziellen Mitarbeiters (IMS) mit dem Decknamen »Werner Lorenz«. Dieser war am 3. Juni 1986 in Moskau zugegen als DDR-Energieminister Wolfgang Mitzinger (*1932) erstmals von sowjetischer Seite »in einem internen Gespräch« Details zum verunglückten Sicherheitstest als Unfallursache erfuhr. Ein Major der Hauptabteilung XVIII der Staatssicherheit nahm den Bericht in der Moskauer Wohnung des IMS entgegen und beauftragte ihn »politisch-operative Hinweise zur Havarie und deren Schlußfolgerungen im KKW Tschernobyl« zu erarbeiten.[22] Über die dabei gewonnenen Erkenntnisse ist bisher nichts bekannt.

Schon am 6. Mai 1986 hatte Stasi-Chef Mielke einen Bericht über erste kritische Reaktionen in der Bevölkerung mit der bezeichnenden Randnotiz »unter Kontrolle halten« versehen. Doch Tschernobyl stellte für die sonst so allwissende und umtriebige Staatssicherheit eine Herausforderung ganz besonderer Art dar. Der Umstand, dass das Unglück den »großen Bruder« getroffen hatte und der Informationsfluss aus Moskau sich derart dürftig gestaltete, machte die Arbeit für den ostdeutschen Geheimdienst nicht einfacher. Daher sah man die wichtigsten Aufgaben darin, die Sicherheit der eigenen Kernkraftwerke zu überprüfen, keine Unruhe in der DDR-Bevölkerung aufkommen zu lassen und jedes Anzeichen von Opposition zu unterdrücken.[23] So lag die eigentliche Stärke des Mielke-Ministeriums darin, Informationen aus allen Bereichen des Lebens in der DDR, aus Behörden, Ministerien, Betrieben und Forschungseinrichtungen zu sammeln und auszuwerten. Auf die Idee, mit den gewonnenen Erkenntnissen die eigene Bevölkerung vor möglichen gesundheitlichen Folgen des Fallouts von Tschernobyl zu schützen, kam die Staatssicherheit nicht.[24]

Bei der Nachrichtenversorgung kam dem SAAS eine Schlüsselrolle zu. Formell direkt dem Ministerrat der DDR unterstellt, bestanden zwischen SAAS und MfS schon vor dem Reaktorunglück von Tschernobyl sehr enge Verbindungen, was u. a. daran lag, dass sich das SAAS mit sicherheitsrelevanten Fragen zur zivilen Nutzung der Kernenergie befasste. Zwar betonte dessen Leiter Georg Sitzlack stets die Eigenständigkeit seiner Behörde »als wissenschaftliches Kontrollorgan«, das aus Gründen

»einer schonungslosen Analyse« nicht in »produktionsverantwortliche Strukturen eingeordnet werden« dürfe. Doch in der Praxis zeigte sich, dass der schon zuvor als IM »Jürgen« tätige Sitzlack sehr eng mit Mielkes Machtapparat kooperierte. Zugleich besaß das SAAS ein Monopol auf dem Gebiet des Strahlenschutzes.[25] Nach dem Bekanntwerden des Reaktorunfalls von Tschernobyl fielen dem SAAS als Aufsichtsbehörde maßgeblich fünf Aufgaben zu: Informationsbeschaffung zum eigentlichen Reaktorunfall, die Überwachung der Strahlensituation auf dem Territorium der DDR, mögliche daraus resultierende Schutzempfehlungen für die Bevölkerung, die Festlegung von Grenzwerten (»Richtwerten«) sowie die Überprüfung der Betriebssicherheit der eigenen Nuklearanlagen.[26]

Infobox 8: Strahlenschutz: SSK, SAAS und BfS

Mit dem Eintritt in das Atomzeitalter ergab sich die Notwendigkeit, Institutionen zu schaffen, die sich mit den gefährlichen Auswirkungen dieser neuen Technologie auf Mensch und Umwelt befassten.

In der Bundesrepublik Deutschland regelte das Atomgesetz von 1959 die Kompetenzen. So lag die Verantwortung für den Bereich Strahlenschutz beim jeweils dafür zuständigen Bundesministerium (Atom- oder Innenministerium), eine Behörde auf Landesebene führte jeweils die Anordnungen aus.[27] Als unabhängiges Gremium berät seit 1974 die aus der Fachkommission »Strahlenschutz« hervorgegangene Strahlenschutzkommission (SSK) das zuständige Bundesministerium. Da die Gesetzeslage ein Szenario wie die Folgen eines Reaktorunglücks im Ausland nicht berücksichtigte, kam es im Mai 1986 zu einem Informations- und Kompetenzwirrwarr zwischen Bund, Ländern und Kommunen. Als Konsequenz rief die Regierung Kohl 1986 das Bundesumweltministerium ins Leben, verabschiedete das Strahlenschutzvorsorgegesetz und errichtete 1989 das Bundesamt für Strahlenschutz (BfS).

In der Deutschen Demokratischen Republik lagen die Aufgaben des Strahlenschutzes seit 1973 zentral in den Händen des Staatlichen Amtes für Atomsicherheit und Strahlenschutz (SAAS), das aus der seit 1962 existierenden Staatlichen Zentrale für Strahlenschutz (SZS) hervorgegangen war. Das SAAS »war mit dem Ziel des Schutzes von Leben, Gesundheit und Sachgütern vor den Gefahren der Kernenergie« gegründet worden und als »unabhängiges Organ« direkt dem Ministerrat unterstellt. Die Behörde überlebte das Ende der DDR und wurde im Juni 1991 in das BfS überführt.[28]

Nach Tschernobyl warfen Kritiker sowohl der SSK als auch dem SAAS vor, die Folgen des Reaktorunfalls heruntergespielt zu haben, zumal deren damalige Vertreter allesamt als Befürworter der Atomenergie galten.

Gleich den Behörden im Westen wurde auch das SAAS am Abend des 28. April 1986 durch Bildung einer »Bewertungsgruppe« aktiv und begann republikweit mit ständigen Luftmessungen. Schon am 29. April 1986 stellte man einen »Zustrom radioaktiv verunreinigter Luft« aus dem nördlichen Polen in die Lausitz, den Großraum Berlin und Teile Thüringens fest.[29]

Die Ergebnisse der 215 Messstellen gingen dann zu einer »Leit- und Analysegruppe«, in der alle DDR-Ministerien vertreten waren. In täglichen Berichten informierte das SAAS über die Strahlensituation, Empfänger waren zumindest das DDR-Innenministerium und Erich Honecker. Demnach stellten die Messungen am 29. April 1986 einen Anstieg der radioaktiven Teilchen in der Luft um das 4 700-fache fest, nach einem Rückgang am 30. April durch die Veränderung der Windrichtung folgte ab dem 4. Mai eine erneute Zunahme der Strahlenbelastung um das 100-fache – im Raum Magdeburg sogar um das 500-fache. Mit einer erneuten Wetterumstellung am 8. Mai war der Zustrom radioaktiv belasteter Luft »praktisch beendet«, ab dem 10. Mai sank die Radioaktivität in der Luft »an allen Meßpunkten auf unbedeutende Werte«.[30] Während im Westen die Zeitungen über den Ansturm auf Tiefkühlkost und Geigerzähler berichteten, Behörden Parks und Schwimmbäder sperrten und das Gemüse auf den Märkten beschlagnahmten, titelte am 8. Mai das »Neue Deutschland« mit Berufung auf die Weltgesundheitsorganisation WHO *Kein Zwang zu Handlungsempfehlungen*. Am selben Tag gab das SAAS für die radioaktive Belastung in der Luft Entwarnung und erklärte, dass »keinerlei gesundheitliche Gefährdungen für die Bevölkerung der DDR bestanden haben oder bestehen.«[31]

Wohl in Konkurrenz zu den Westmedien und um die eigene Bevölkerung zu beruhigen, folgte am 2. Mai 1986 einmalig die Veröffentlichung von Messergebnissen in der »Aktuellen Kamera«. Dabei verlas ein Sprecher die Werte für den Raum Berlin aus der Zeit vom Abend des 30. April bis zum Nachmittag des 2. Mai 1986 und schlussfolgerte, »damit ist eine Stabilisierung auf einem niedrigen Niveau eingetreten«. Passend dazu folgte die Aussage des »BRD-Innenministeriums«, dass die »Gesundheit zu keiner Zeit gefährdet« war.[32]

Unter der Überschrift *Stabilisierung auf einem niedrigeren Niveau* folgte die Veröffentlichung der Messwerte auch am nächsten Tag in den DDR-Presseorganen. Auch hier fanden sich die Aussagen des westdeutschen Bundesinnenministeriums. Bei einem Besuch der Ministerpräsidenten Rau und Lafontaine vier Tage später versäumte es Honecker so auch nicht, darauf hinzuweisen, dass die DDR als einziges sozialistisches Land vergleichsweise schnell Werte veröffentlicht hatte.[33] Dies war aber

Abb. 8: Die Ministerpräsidenten Johannes Rau und Oskar Lafontaine zu Besuch bei Erich Honecker in Ost-Berlin am 7. Mai 1986. Neben den deutsch-deutschen Beziehungen und Abrüstungsfragen war Tschernobyl eines der Gesprächsthemen.

nur die halbe Wahrheit. So waren die unter dem Stichwort »Stabilisierung auf einem niedrigen Niveau« veröffentlichten Daten unbestritten echt. Da jedoch Vergleichswerte aus der Zeit vor der Reaktorkatastrophe fehlten, besaßen diese Zahlen für die Durchschnittsbevölkerung praktisch keine Aussagekraft. Zudem zeigt ein genauerer Blick auf die Daten, dass diese sich nicht nur geographisch auf den Großraum Berlin beschränkten, sondern auch zeitlich nach dem Abklingen der erstem hohen Werte am späten Abend des 30. April einsetzten.[34] Dass die Strahlungsbelastung regional sehr unterschiedlich ausfiel und sich zu anderen Orten und Zeiten andere Werte ergaben, belegten die 1987 verfassten Abschlussberichte des SAAS für die IAEA in Wien. Freilich waren diese in englischer Sprache verfassten Bulletins für den Normalbürger in der DDR kaum erhältlich oder einzusehen.[35]

Nach dem Fallout: Honecker empfiehlt den Salat zu waschen

Wie in anderen Ländern folgte nach den ersten Luftmassen mit radioaktiven Partikeln auch in der DDR der witterungsbedingte Fallout. Teils kräftige Niederschläge sorgten örtlich für einen starken Anstieg der Radioaktivität im Boden. Während der Großraum Berlin insgesamt eher glimpflich davonkam, waren vor allem Gebiete um Magdeburg betroffen, wo in der Nacht auf den 6. Mai ein schweres Gewitter tobte. Hier stellten die Behörden Spitzenwerte von bis zu 44 000 Becquerel in einem Liter Regenwasser und – ähnlich den Messungen im oberschwäbischen Bad Wurzach – 76 000 Becquerel in einem Kilo Wiesenkräutern fest. Weiterer Hotspots des Strahlenregens waren die südöstlichen Bezirke Cottbus und Dresden.[36]

Auch in der DDR war es die Aufnahme von Luftpartikeln und vor allem das Grünfutter, das die Milch zum ersten von der Strahlung betroffenen Produkt der Landwirtschaft machte. Daher empfahl das Strahlenschutzamt schon Anfang Mai dem zuständigen Landwirtschaftsministerium die Umstellung auf Trockenfutter und Winterheu, was aber mangels der »ausreichenden Verfügbarkeit« nicht umgesetzt werden konnte. Um im Falle einer radioaktiven Verseuchung bestehenden Gefahren für Kleinkinder und Kranke abzuwenden, ordneten die Behörden Ende Mai Sonderschichten bei der von Produktion von Trockenmilch im VEB Dauermilchwerk Stendal an. Trotzdem kam es wie im Westen zu Engpässen.[37]

Daneben startete das SAAS ein Überwachungsprogramm für die gängigsten Lebensmittel. So nahmen dessen Mitarbeiter anfänglich in acht Bezirken, später in allen 14 DDR-Bezirken täglich jeweils 15 Milchproben, die zentral untersucht wurden. Ähnlich verfuhr man mit Fleisch, Fisch, Frischgemüse und Viehfutter.

Für die von höherer Kontamination betroffenen Bezirke Magdeburg, Potsdam und Schwerin bestimmte das SAAS, dass die von dort stammenden Feldfrüchte und weiterverarbeiteten Erzeugnisse, wie Butter, Käse oder Wurst, zwar in den Handel gelangen, aber keinesfalls in den Export oder an »Sonderbedarfsträger« (Interhotels, Intershops, Einrichtungen der sowjetischen Streitkräfte sowie Geschäfte für die Spitzen von Staat und Partei) gehen durften.[38]

Während sich im Westen Bundesbehörden, Länder und Fachleute um die Höhe und Aussagekraft von Grenzwerten stritten, definierte das SAAS sogenannte »Richtwerte«. In der Praxis bedeutete dies, dass Strahlendosen, die über der angenommenen Unbedenklichkeit lagen, für eine gewisse Zeit (vier Wochen) toleriert werden konnten. In Anbetracht der unklaren Gesamtlage war diese Einschätzung ähnlich blauäugig, wie die Haltung Sitzlacks zu möglichen Spätschäden, die er als »spekulative westliche Positionen« abtat. Dabei orientierten sich die DDR-Behörden durchaus am internationalen Standard.[39] Vollmundig erklärte Honecker am 7. Mai 1986: »Wenn es in der DDR erforderlich gewesen wäre, hätten wir nicht gezögert, unpopuläre Anordnungen zu treffen.« Doch noch am selben Tag berichtete das SAAS:

> »Auf Grund der weiter anhaltenden Radioaktivitätszufuhr in den Biozyklus steigt die radioaktive Verunreinigung des Blattgemüses auf Werte an, die nunmehr Maßnahmen erforderlich machen können. Gemeinsam mit dem Ministerium für Land-, Forst- und Nahrungsgüterwirtschaft wird geprüft, ob bei weiterem Anhalten der Situation der Partei- und Staatsführung aus fachlicher

Sicht ein Vorschlag zur vorübergehenden Einschränkung des Verzehrs von Blattgemüse durch die Bevölkerung unterbreitet werden muss.«[40]

Die Staatsspitze nahm diese Aussage zur Kenntnis und tat nichts. Während im Westen ein Schaulaufen von Politikern an Marktständen mit dem anschließenden Verzehr von Salat stattfand, erläuterte Honecker gegenüber schwedischen Journalisten Ende Juni 1986 seine Sicht der Dinge: »Unser Gemüse und Salate konnte verkauft werden, und das wird ja immer gewaschen. Zu Hause waren wir sechs Kinder, und unsere Mutter hat den Salat immer gewaschen.«[41] Als Privatmann wusste es der passionierte Jäger und Pilzsammler freilich besser. Rund um seine Jagdhütte in der Schorfheide ließ er Strahlenmessgeräte aufstellen und verbot seinem Enkel das Sammeln von Waldbeeren.[42]

Doch auch Honeckers Behauptung, dass die Exportwirtschaft durch Tschernobyl keine Beeinträchtigung erfuhr, hatte wenig mit der Wirklichkeit gemeinsam. Im Gegensatz zur Bundesrepublik war die DDR ökonomisch ungleich härter vom Reaktorunglück in der Ukraine betroffen: War der Arbeiter-und-Bauern-Staat zum einen auf den Verkauf von landwirtschaftlichen Gütern gegen Valuta in den Westen angewiesen, so hätte er es sich auf der anderen Seite nicht leisten können, unbelastete Waren aus Übersee zu importieren.

Unabhängig von der Strahlenbelastung nahmen die Westberliner Behörden wegen der fehlenden Nachfrage schon ab dem 2. Mai 1986 keine Milch mehr aus dem Osten an. Über die Verluste, die der DDR-Volkswirtschaft dadurch entstanden, kann nur spekuliert werden.[43]

Ein ungewohntes Warenangebot

Anfang Mai bot sich für DDR-Bürger ein ungewohntes Bild in den Kaufhallen, Märkten und HO-Läden. In der ganzen Republik, vor allem aber in den Orten um West-Berlin herum, waren die Auslagen gefüllt mit frischem Salat, Spinat, Rhabarber und Spargel, dazu Früchte aus den südlichen Bruderstaaten, später Trauben, Nüsse und Pilze.[44] Da die

Waren im Export keinen Absatz mehr fanden, tauchten sie in den Regalen der DDR-Verkaufsläden auf. Doch kaum jemand griff zu. Maßnahmen, wie Preisnachlässe oder Schilder mit der Aufschrift »Treibhausware« hatten denselben Effekt wie im Westen. Landesweit ging der »Abkauf von Salat« in der zweiten Maiwoche um 50 % zurück. Eine Lehrerin aus Meiningen gab freimütig zu, dass der Verzehr von Freilandsalat für sie nicht in Frage käme, zumal sie im Westfernsehen von Strahlungsschäden gehört habe. Andere reagierten auf die Bedenken mit einer gewissen Portion Galgenhumor, wie »Na, dann könnten wir ja alle nichts mehr essen« oder der Salat sei »höchstens mit Lindan verseucht«.[45]

Da es keine Abnehmer gab, leitete das Ministerium für Land-, Forst- und Nahrungsgüterwirtschaft »Maßnahmen zur Kontrolle und Vermeidung von Verlusten durch Verarbeitung und Konservierung« ein. Andere Agrarerzeugnisse wie Blattsalat wanderten in die Küchen von Schulen, Kindergärten, Mensen und Kantinen.[46]

Noch drastischer zeigte sich der Absatzrückgang bei der Milch. Vielerorts meldeten Eltern ihre Kinder von der Schulmilchversorgung ab, an anderen Schulen verweigerten Schüler die Annahme der Milch oder gossen sie sogar weg.[47] Verärgert meldete ein SED-Mitglied der Transportpolizei in Suhl am 9. Mai 1986 seine Beobachtungen, dass an Schulen die bestellte Trinkmilch nicht abgeholt wurde, »so daß diese sauer geworden ist.« Seine Schlussfolgerung war: »Offensichtlich ist in diesem Bereich der Einfluß des BRD-Fernsehens sehr stark, und die Bürger glauben den Argumenten des Gegners.«[48] Mit dieser Bemerkung hatte der offenbar sehr linientreue Informant nicht unrecht. Wenn es jemals einen Indikator für den offensichtlichen Einfluss des Westfernsehens auf die DDR-Bevölkerung gegeben hat, dann 1986 nach dem Reaktorunglück in Tschernobyl.

Glich sich das Konsumverhalten trotz völlig unterschiedlicher Ausgangslagen in beiden deutschen Staaten an, so gab es auch Unterschiede. Vorsichtsmaßnahmen, wie im Westen, beim Aufenthalt im Freien oder die Schließung von Parks und Schwimmbädern gab es in der DDR nicht. Das SAAS hielt die Dekontamination von Fahrzeugen ebenso für unnötig wie die Reinigung von durch Regen durchnässter Kleidung. Während im Westen die Sandkästen wegen der oft hohen Belastung tabu waren, wagten es im Osten Kindergärtnerinnen vielfach nicht, ihren Schützlingen das Spielen im Sand zu verbieten, um nicht gegenüber den Behörden in ein falsches Licht zu geraten.[49] Sportveranstaltungen fanden ebenso ungehindert statt, wie erste Sonnenbäder. Vielerorts verbrannte man sogar das Laub vom letzten Winter. Nicht wenige wunderten sich über die in der Bundesrepublik vorherrschende Panik. Andere wiederum spöttelten über die verharmlosende Informationspolitik der DDR-Medien gegenüber radioaktiver Strahlung: »Danach braucht man ja kaum noch Angst vor eine[r] Atombombe [zu] haben« oder machten sich über die Parolen sogar lustig mit Sprüchen, wie »Demnächst soll es Strontium regnen – so sind unsere sowjetischen Freunde: jetzt schicken sie uns unser Uran zurück«. In Magdeburg schrieb jemand an mehrere Hauswände »Atomverbrannt durch Freundesland«.[50]

Doch Vertuschung, Verharmlosung und Geheimniskrämerei sollten sich rächen. Sobald irgendwo tote Vögel oder Fische zu sehen waren oder sich andere, unerklärliche Phänomene zeigten, stellten viele Menschen einen Zusammenhang mit den Ereignissen in Tschernobyl her. Als im Raum Gelbensande (Landkreis Rostock) mehrere Kinder an Fieber und Achselschmerzen erkrankten, soll ein Arzt geäußert haben »es könnte vom Reaktorunfall sein«.[51]

Trotz Strahlenbelastung soll der Alltag weitergehen

Nicht weniger diffizil stellte sich die Ursachenforschung in einem ganz anderen Sektor heraus. Ähnlich wie bei den Neu-Isenburger DuPont-Werken in der Bundesrepublik lösten Anfang Mai 1986 auch beim VEB Fotochemische Werke in Ost-Berlin schwarze Flecken auf den hergestellten Röntgenfilmen eine mehrwöchige Suche nach der Schadensquelle aus. Eine defekte Klimaanlage hatte dazu geführt, dass Mitarbeiter entgegen den Vorschriften die Fenster öffneten, womit die Strahlenpartikel aus Tschernobyl ungehindert in den Produktionsprozess gelangten. Der Schaden war verheerend: Über 100 000 Quadratmeter Röntgenfilm im Wert von sechs Millionen Ostmark waren unbrauchbar geworden.[52]

Dass die Strahlenfracht aus dem Osten alles andere als »unbedenklich« war, erfuhren die Mitglieder der Freiwilligen Feuerwehr Schönebeck am 6. Mai 1986 bei ihrer alljährlichen Einsatzübung, bei der verschiedene Übungseinheiten zu absolvierten waren. Bei den Luftmessungen zeigten die Geräte untrüglich, dass sich erhebliche Konzentrationen von Radioaktivität in der Atmosphäre befanden. Als ein Einsatzwagen diese Nachricht weitergab, verhängte die anwesende Volkspolizei sofort ein Funkverbot.[53]

Da die bundesdeutschen Behörden ab dem 1. Mai 1986 zahlreiche Lastkraft- und Eisenbahnwagen wegen der Überschreitung der eigenen Grenzwerte zurückschickten, leitete die Staatssicherheit »zur Verhinderung bzw. Minimierung negativer ökonomischer und politischer Folgen [...] Sofortmaßnahmen zur Säuberung und Entaktivierung« ein.[54] In der Praxis bedeutete dies, dass Arbeiter und hinzugezogene Soldaten die Kraftfahrzeuge und Güterzüge vor der Weiterfahrt in den Westen von radioaktiven Partikeln reinigen sollten. Auf zahlreichen Betriebshöfen säuberten die Mitarbeiter die Fahrzeuge in der üblichen Arbeitskleidung ohne Staubmaske oder spezielle Handschuhe. Nach einigen Tagen erhielten sie sogar Geigerzähler – nicht zu Schutz, sondern zur Kontrolle der Fahrzeuge nach der »Entaktivierung«. Zugleich bat man die anderen RGW-Staaten, das Vorgehen der DDR »durch analoge Maßnahmen bereits auf ihrem Territorium zu unterstützen«. Ostblock-Fahrzeuge »mit überhöhter Strahlenbelastung« sollten fortan nicht mehr durch die DDR nach Westen weiterfahren. Ausgenommen war jedoch der Güterverkehr »aus dem Versandgebiet der UdSSR«.[55] Doch genau diese Fahrzeuge waren das Problem.

Alles, was an Waren, Personen und Verkehrsmitteln aus der Ukraine oder den angrenzenden Sowjetrepubliken kam, war mit den weniger weitreichenden, aber oft erheblich gefährlicheren Spaltprodukten des Reaktorunglücks belastet. Otto Zöllner (*1933) erinnert sich, dass dabei »der Geigerzähler bis zum Anschlag ausschlug«.[56] Beschäftigt beim VEB Kraftverkehr Mühlhausen, gehörte Zöllner zur jener Gruppe von Arbeitern, die 1986 hunderte von LKWs reinigten, davon zahlreiche direkt aus der Ukraine kommend. Schon zwei Jahre später starb ein erster Arbeitskollege an Krebs, es folgten weitere. Als auch Zöllners damaliger Chef Klaus Neukirch (1937–1999) erkrankte, zog er vor das Sozialgericht Nordhausen. Dieses erkannte Neukirch kurz vor seinem Tod 1999 als erstes deutsches Tschernobylopfer an. Doch die Berufsgenossenschaft legte Gegengutachten vor, sodass das Urteil 2001 vom Thüringer Landessozialgericht wieder aufgehoben wurde. Die Erkrankung sei »schicksalhaft« gewesen, also »Zufall« oder »Restrisiko«. Von der einst achtköpfigen Reinigungskolonne von 1986 war 14 Jahre später nur noch Otto Zöllner übrig.[57]

Vor diesem Hintergrund wirkte die vom Ministerium für Gesundheitswesen im Mai 1986 für Bezirksärzte herausgegebene Richtlinie mit dem Hinweis »Für aus der UdSSR wieder in die DDR einreisende Personen besteht keinerlei Gesundheitsgefährdung« wie blanker Hohn. Selbst Georg Sitzlack vom SAAS hielt diesen Passus für »außerordentlich bedenklich« und warnte bei der bestehenden Unkenntnis über das wirkliche Ausmaß des Reaktorunglücks vor derartigen Festlegungen. Doch in diesem Punkt setzte sich das DDR-Gesundheitsministerium durch.[58]

Als ob nichts geschehen sei, entsandte die DDR weiterhin Schülergruppen, Parteiabordnungen, Fachkräfte oder Sportler in die Sowjetunion. So auch die Radfahrmannschaft zur 39. Internationalen Friedensfahrt, die am 6. Mai 1986 ausgerechnet in Kiew startete und die die ersten fünf Wettkampftage dort blieb.[59] Während zahlreiche westliche Staaten sowie Rumänien und Jugoslawien aus Sorge um die Gesundheit der Sportler die Teilnahme kurzfristig abgesagt hatten, gab der Deutschen Turn- und Sportbund (DTSB) der DDR seinen Fahrern zu verstehen: »Ihr startet, es muss ein Zeichen gesetzt werden, dass keine Gefahr besteht!« In dem auf 64 Teilnehmer geschrumpften Feld brillierten die Athleten unter Hammer und Zirkel – allen voran der spätere Olympiasieger Olaf Ludwig (*1960). Aus Ost-Berlin erging eine Direktive, bei der Berichterstattung die Metapher »strahlende Sieger« zu vermeiden. Die Absagen der westlichen Radsportverbände verurteilten dieselben Funktionäre als »beschämend«.[60]

Im gleichen Tonfall reagierte die DDR auf die Entscheidung des baden-württembergischen Kultusministeriums vom Mai 1986, vorläufig alle Klassenfahrten in den Ostblock abzusagen. Begründete Stuttgart dies maßgeblich mit der Sorge um strahlenbelastete Lebensmittel vor Ort, so sahen die DDR-Organe darin einen Beweis, »dass führende Kreise der BRD nicht an einer Verbesserung des Ost-West-Verhältnisses interessiert« seien.[61] Doch auch im eigenen Volk zeigten sich nun ähnliche Verhaltensmuster. So lehnten Arbeiter der Schuhfabrik Burg bei Magdeburg eine Auszeichnungsreise in die Sowjetunion ab, wie auch einige Jugendgruppen.[62] Die unbedingte Treue zum »großen Bruder« hatte angesichts der Ungewissheit über das eigentliche Ausmaß der Reaktorkatastrophe ihre Grenzen.

Das Erwachen der Anti-Atombewegung in der DDR

Formen und Ausmaße, wie auch die Dokumentation des Protestes und der staatlichen Repressalien unterschieden sich trotz gleicher Zielsetzung grundlegend von der seit Jahren höchst aktiven Anti-Atombewegung in der Bundesrepublik. Dennoch genügten wenige Aktionen, um Nervosität im DDR-Staatsapparat auszulösen. So fanden Mitarbeiter der Staatssicherheit in den frühen Morgenstunden des 9. Mai 1986 im Potsdamer Stadtgebiet Zettel mit den Aufschriften »Stoppt die Kernkraftwerke. Tschernobyl macht vor unseren Wohnungstüren nicht halt« und »Tschernobyl darf sich nicht wiederholen. Die Alternative: Sonnenenergie«. In Leipzig nahmen die Ordnungskräfte am 16. Mai 1986 einen »alkoholisierten« Passanten in Gewahrsam, der zuvor lautstark gerufen hatte »Tschernobyl, daß muß jeder wissen, daß wir alle verseucht sind«. Andere Bürger schickten anonym bitterböse Leserbriefe an die Zeitungen, die jedoch nicht veröffentlicht wurden. Dies hielt die Stasi allerdings nicht davon ab, mit großem Aufwand (Speichelspuren und Schriftproben) nach den möglichen Absendern zu fahnden.

Dänische Atomkraftgegner wiesen die DDR-Sicherheitskräfte am 24. Mai 1986 in ihr Heimatland aus, nachdem sie zuvor in Rostock Flugblätter verteilt hatten, in denen sie u. a. gegen das nahe gelegene Atomkraftwerk Lubmin bei Greifswald protestierten.[63]

Insgesamt registrierte die Staatssicherheit bis Anfang Juni 1986 über ein Dutzend »Aktivitäten von Exponenten der politischen Untergrundtätigkeit« im Zusammenhang mit der Reaktorkatastrophe von Tschernobyl. Dabei handelte es sich meistens um Veranstaltungen oder Eingaben, die unter dem Dach der evangelischen Kirche der DDR stattfanden. So verschieden die Aktionen in ihrer Art, den Formulierungen und Forderungen waren, so unterschiedlich waren auch die Adressaten, die von der einfachen Bevölkerung über die westliche Presse und die sowjetische Botschaft bis zum SAAS, dem Ministerrat und der Volkskammer der DDR reichten.[64]

Schon am 1. Mai 1986 richtete der »Friedens- und Umweltkreis der Pfarr- und Glaubensgemeinde Berlin-Lichtenberg« einen Brief an den Ministerrat der DDR sowie an die Botschaft der Sowjetunion mit der Forderung nach völliger »Abschaltung aller Kernkraftwerke« und der Forcierung »dezentraler, alternativer Energietechnologien«, da die »Alternative zur Schwefelvergiftung von Mensch und Umwelt [...] nicht der Strahlentod sein« dürfe. Diese – im Stasijargon – »in unsachlicher und anmaßender Weise« verfasste Eingabe gewann dadurch Brisanz, dass sie am 17. Mai 1986 in der Westberliner »taz« veröffentlicht wurde.[65]

Noch mehr Aufmerksamkeit erregte der Aufruf *Tschernobyl wirkt überall*.[66] Unmittelbar nach dem Bekanntwerden des Reaktorunglücks entstand im Umfeld der Ostberliner Oppositionsgruppen »Gegenstimmen« und dem »Friedrichsfelder Friedenskreis« ein mehrseitiger, sieben Themenkomplexe umfassender Text, den die Initiatoren mit 141 Unterschriften am 5. Juni 1986, dem Weltumwelttag, an den Vorsitzenden des Ministerrats der DDR, der Volkskammer und der DDR-Nachrichtenagentur ADN übergaben. Darin sprachen die Autorinnen und Autoren den Opfern des Nuklearunglücks in der Sowjetunion ihr Mitgefühl aus und beklagten die in der DDR entstandene »Unsicherheit« sowie eine Gefahr durch Atomunfälle und die »Auswirkungen einer verantwortungslosen und gesellschaftsgefährdenden Informationspolitik in Ost und West«. Warf man den »kapitalistischen Ländern« vor, dass dort eine »Koalition aus KKW-Anlagenbauern, ihrer energiepolitischen Lobby und Regierungen« sich »ignorant« verhalte, so würden in den sozialistischen Ländern »die realen Gefahren des Reaktorbetriebes [...] unterschätzt und insbesondere in der DDR auf beispiellose Weise publizistisch verharmlost und der öffentlichen Diskussion entzogen« werden. Scharfe Kritik übte man insbesondere an der Informations- und Atompolitik Frankreichs und der USA. Der Bundesrepublik wurde eine »schwierige Balance zwischen antisowjetischer Propaganda und selbstgerechten Überlegenheitsposen« bescheinigt. Zudem begrüßte man Gorbatschows Abrüstungsvorschläge, ging auf das ungelöste Problem der Entsorgung ein sowie auf den Zusammenhang zwischen »ziviler und militärischer Nutzung« der Atomenergie. Als Antwort auf diese Probleme forderte der Appell sowohl eine grundlegend andere Energie- als auch Informationspolitik, den Ausstieg der DDR aus der Kernkraft bis 1990 sowie die Veröffentlichung aller Umweltmessdaten.[67]

Die Abfassung des Textes verrät sowohl fachlich eine gute thematische Kenntnis als auch sehr geschickte Formulierungen. Die explizite Einbeziehung der westlichen Staaten in die Kritik – teils sogar mit den Parolen und Argumenten des sozialistischen Lagers – gibt dem Appell den Anschein von Objektivität, ja macht ihn im Grunde gegen den Vorwurf einer systemfeindlichen Propaganda immun. Doch die darin verpackte harsche Kritik an der Haltung der DDR-Obrigkeit zu den Bereichen Informations- und Energiepolitik ist unübersehbar. Zugleich verrät der Titel des Appells *Tschernobyl wirkt überall* seine sprachliche Analogie zum von Grünen und Atomkraftgegnern in der Bundesrepublik zeitgleich skandierten Slogan *Tschernobyl ist überall*.[68]

Zwar regten sich auch in den Reihen der Oppositionsgruppen Bedenken gegen die Schärfe oder Form des Inhaltes, doch der in den folgenden Monaten tausendfach unterzeichnete Aufruf sollte zur Diskussionsbasis einer ganzen Reihe von Aktionen und Veranstaltungen in DDR-Umweltgruppen werden.

Im Oktober 1986 machte eine Gruppe um den Bürgerrechtler und späteren Mitbegründer des »Neuen Forums«, Reinhard Schult (*1951), den Appell *Tschernobyl wirkt überall* zum Inhalt eines von West-Berlin aus operierenden Piratensenders, der in Anspielung auf die bekannte DDR-Propagandasendung unter dem Namen »Schwarzer Kanal« operierte.[69] Zusammen mit dem Liedermacher Stephan Krawczyk (*1955) erstellten Schult, Tina Krone (*1957), Sabine Wolff (1961–2015) und Bodo Niedlich (*1954) im Ostteil der Stadt ein Sendemanuskript, das über den »Evangelischen Pressedienst« zur Westberliner Hausbesetzerszene gelangte. Diese verbreiteten von verschiedenen Standorten aus die Nachricht mittels eines batteriebetriebenen UKW-Senders. Zeitgleich kündigten Westberliner Programme, u. a. bei RIAS und SFB per Durchsage die Sendung mit Datum und Frequenz im Rundfunk an, während in Ost-Berlin kleine Zettel auftauchten, auf denen – mit dem Kinderstempelkasten gedruckt – der Text »WEITERSAGEN! Der erste unabhängige Sender in der DDR – 31.10./22:00 Uhr, UKW 99,2 Mhz.« zu lesen war. Tatsächlich funkte dieser so ganz andere »Schwarze Kanal« pünktlich zum angegeben Zeitpunkt »Gegen die Verblödung aus dem Westen und das Informationsmonopol unserer Tattergreise« los.[70] In lockerer, frecher und ironischer Art bekamen in knapp 23 Minuten sowohl die westliche als auch die östliche Berichterstattung ihr Fett weg. Die Sendung gipfelte in dem Vorschlag, an einem Protesttag DDR-weit alle elektrischen Geräte im Haushalt einzuschalten und zum »Gong der Tagesschau« die Sicherungen herauszudrehen. Dies sollten die Hörerinnen und Hörer in einem Fünf-Minuten-Rhythmus wiederholen: »Wenn's klappt fliegen den Kraftwerken die Sicherungen durch.«[71]

Für die Staatssicherheit schien ein Alptraum wahr zu werden. Umweltgruppen der DDR arbeiteten Hand in Hand mit AKW-Gegnern und Autonomen im Westen zusammen. Durch großen technischen Aufwand versuchte die Stasi per Funkpeilung die Sendeadresse ausfindig zu machen, bei den nächsten Ausstrahlungen kamen Störsender zum Einsatz. Da nach dem alliierten Besatzungsstatut das Betreiben sogenannter »Piratensender« verboten war, musste die Westberliner Bundespost bei der Auffindung der illegalen Funkanlage den Ost-Behörden sogar Amtshilfe leisten. Doch ohne Erfolg. Auf Tonbandkassetten mitgeschnitten und vervielfältigt, gelangte die Botschaft des »Schwarzen Kanals« in die ganze DDR. Besitzer und Hörer dieser Kassetten drohten wegen »staatsfeindlicher Hetze« drakonische Strafen.[72]

Zusehends bot die Kirche ein Forum für kritische Experten und Fachleute, wie z. B. dem Physiker Sebastian Pflugbeil (*1947), dem Mathematiker Joachim Listing (*1950) oder dem Mediziner Bernd Thriene (1940–2015) und stellte Räume für Vorträge sowie die technischen

Hilfsmittel zur Vervielfältigung von Informationsmaterial zum Themenbereich »Atomkraft« zur Verfügung. Um sich der sofortigen Kontrolle durch die Obrigkeit zu entziehen, erschienen viele Abhandlungen mit brisantem Inhalt im Selbstverlag (»Samisdat«) mit dem Stempel »nur zum innerkirchlichen Dienstgebrauch«. In Ost-Berlin gründeten Aktivisten im September 1986 im Keller des Gemeindehauses der Zions-Kirche die »Umweltbibliothek«, in der nicht nur Schriften zu den Themen Umwelt, Atomkraft oder Menschenrechte gesammelt, sondern teils auch hergestellt und vervielfältigt wurden. Eine Stasi-Razzia im November 1987 konnte der Institution kaum schaden. Vielmehr machte der Vorfall die Einrichtung international bekannt. Mit Unterstützung aus dem Westen entwickelte sich die Umweltbibliothek zu einem zentralen Treffpunkt der DDR-Umweltaktivisten und Verteilungsort für oppositionelle Schriften.[73]

Ähnlich wie in der Bundesrepublik bildeten Standorte von Atomanlagen einen Schwerpunkt des Protestes. Nordöstlich von Stendal im Bezirk Magdeburg hatte die DDR 1974 mit dem Bau eines Kernkraftwerks begonnen, das ab Ende der 1980er-Jahre mit Druckwasserreaktoren sowjetischer Bauart (VVER) ans Netz gehen sollte. Hier war es vor allem das Ehepaar Erika (1935–2009) und Ludwig (*1934) Drees, das mit dem »Friedenskreis Stendal« aktiv wurde.[74] Gerade zu den Tschernobyl-Jahrestagen beschäftigten diese mit ihren Anträgen, wie z. B. für einen »Umzug« mit »selbstgefertigten Transparenten« zum Baugelände des nahegelegenen Atomkraftwerks, die Behörden. Mit übermäßigem Aufwand bespitzelte die Staatssicherheit das Ehepaar Drees bis in die eigene Wohnung, auch hier folgten Repressalien.[75]

Der »Friedenskreis Friedrichsfelde« suchte unterdessen das Gespräch mit den DDR-Behörden. Schon im Juni 1986 war man deshalb an das SAAS herangetreten, um die oberste Atomaufsicht im Rahmen einer öffentlichen Veranstaltung für ein »Informationsgespräch« zu gewinnen. Die Windungen, mit denen sich die staatlichen Strahlenschützer in den folgenden Monaten immer wieder um einen solchen Termin drückten, dokumentieren sowohl die Verlegenheit, in der sich die Behörde nach den forschen Beteuerungen ihrer Vertreter befand, als auch die bis weit in den DDR-Staatsapparat reichende Verunsicherung gegenüber der Atomkraft, die Tschernobyl ausgelöst hatte.[76]

Wenn sich auch Honeckers vielsagendes Zitat, dass »die Kernkraft nicht das letzte Wort ist« im genauen Textzusammenhang weit weniger spektakulär anhört, als es die Medien später werteten, so dürften der DDR-Führung nach Tschernobyl ernste Zweifel an der bis dahin vorangetriebenen Energiepolitik gekommen sein. Der damalige SPD-Bundesgeschäftsführer Peter Glotz (1939–2005) stellte im Sommer 1986 bei seinen Gesprächen mit den SED-Politbüromitgliedern Egon Krenz und Kurt Hager (1912–1998) »eine sehr große Nachdenklichkeit« fest.[77]

Andere versuchten, nach Außen die Fassade zu wahren. So zeigten sich anlässlich des deutsch-deutschen Symposiums »Umwelt Dresden 1986« (24.–27. Juni 1986) die Vertreter der DDR »außerordentlich erstaunt«, dass in der Bundesrepublik dem Reaktorunglück eine so große Bedeutung beigemessen worden sei. Dies dürften Gäste, wie der bayerische Landwirtschaftsminister Alfred Dick und der Vorsitzende der Hanns-Seidel-Stiftung, Fritz Pirkl (1925–1993), wohl nicht ungern gehört haben. Zugleich betonte der für den Umweltschutz zuständige ostdeutsche Landwirtschaftsminister Hans Reichelt (*1925), dass es in der DDR nicht die geringste Absicht zu einem Umdenken in der Energiepolitik gebe.[78]

Innerhalb der deutsch-deutschen Beziehungen sorgte das Reaktorunglück von Tschernobyl für einen Schub der seit 1983 stattfindenden Gespräche über Fragen zur Sicherheit kerntechnischer Anlagen. Schon am 14. Mai 1986 führte Georg Sitzlack in Bonn mit Bundesinnenminister Zimmermann ein Gespräch in »aufgeschlossener Atmosphäre«.[79] Dem am 26. September von beiden deutschen Staaten in Wien bei der IAEA unterzeichneten »Übereinkommen über die frühzeitige Benachrichtigung bei nuklearen Unfällen« folgte nach Abschluss eines Kooperationsvertrages zwischen Bonn und Moskau (22. April 1987) am 4. August 1987 das »Abkommen zwischen der Regierung der Bundesrepublik Deutschland und der Regierung der Deutschen Demokratischen Republik über Informations- und Erfahrungsaustausch auf dem Gebiet des Strahlenschutzes«, das anlässlich Honeckers Staatsbesuchs am 8. September 1987 unterzeichnet wurde.[80]

Eine ernüchternde Bestandsaufnahme

»Jeder Schuster kloppt sich mal auf den Daumen, wenn das der Maßstab wäre, hätten wir keine Schuhe«.[81]

Hatte Georg Sitzlack noch Ende Mai 1986 mit diesen Worten die friedliche Nutzung der Kernenergie gegenüber Westjournalisten verteidigt, so fielen abseits der Öffentlichkeit die Berichte des Strahlenschutzamtes zum Thema Reaktorsicherheit weit weniger optimistisch aus. In einer am 20. Mai 1986 erstellten Bestandsaufnahme über die beiden Atomkraftwerke in Rheinsberg und Lubmin sprach das SAAS die bestehenden Probleme klar und deutlich an. Ausfälle, Abschaltungen, Reparaturen und Störungen gingen in erster Linie auf mangelnde Materialqualität, schlechte Verarbeitung sowie Fehler der Bedienmannschaften zurück. Insbesondere die frühzeitige Versprödung des Stahls an den aus der Sowjetunion gelieferten VVER-Reaktoren ließ Zweifel an Betriebssicherheit und Lebensdauer aufkommen. Generell sah man die Zusammenarbeit mit den sowjetischen Stellen sehr kritisch. Ein ernsthafter Erfahrungsaustausch oder konkrete Hinweise auf notwendige Verbesserungen der Anlagen fehlten häufig.[82] Dennoch hielt man den augenblicklichen Betrieb der Kernkraftwerke für »gewährleistet«, doch für die Zukunft waren Nachrüstungen – oder wie es im DDR-Technikdeutsch hieß: »Rekonstruktionen« – unumgänglich.

Das SED-Politbüro reagierte auf dieses am 27. Mai 1986 vorgelegte Gutachten mit der Aufforderung an das Ministerium für Kohle und Energie, einen Bericht über die Gewährleistung und die Erhöhung der Sicherheit der Kernkraftwerke zu erstellen. Der Inhalt war ernüchternd.[83]

Neben allgemeinen Verbesserungsvorschlägen in den Bereichen Havarieschutz, Objektsicherheit und Überflugverbot ergab die Bestandsaufnahme, dass ein sicherer Betrieb aller fünf zur Stromerzeugung eingesetzten Reaktoren »durch einen erhöhten Aufwand an hochqualifiziertem Personal, Anlagenüberwachung und Instandhaltung« zwar gewährleistet sei, diese aber »in ihrer sicherheitstechnischen Auslegung vom heutigen internationalen Standard« abwichen. Die in Bau befindlichen Reaktorblöcke 5–8 in Lubmin sowie die beiden in Stendal geplanten Reaktoren stimmten hingegen »weitgehend mit dem internationalen Sicherheitsniveau überein«.[84]

Die kritische Ansicht des SAAS bei Verzögerungen von Reparaturarbeiten und die »immer noch auftretenden Qualitätsmängel« auf den Baustellen bestätigte der Bericht ebenso, wie das Problem der fehlenden Fachkräfte und einer nicht ausreichenden Schulung des Personals: »Hinsichtlich der Entwicklung der personellen und materiellen Kapazitäten wurden die Ziele des Staatsauftrages ›Kernenergie‹ nicht erreicht«.[85]

Infobox 9: Eine Momentaufnahme vor Tschernobyl: Der XI. Parteitag der SED

Stand der XXVII. Parteitag der KPdSU in Moskau ganz im Zeichen von »Glasnost« und »Perestroika«, so verlief das fünf Wochen später stattfindende Treffen der SED in Ost-Berlin völlig anders. Wenig erfreut über die Reformvorschläge aus der Sowjetunion bestimmte eine von oben vorgegebene Kontinuität den XI. Parteitag. Die kritischen Untertöne der Grußrede Gorbatschows ignorierte man. Dabei entsprachen die verkündeten Wirtschaftsdaten alles andere als der Realität.[86] Produzierten viele Branchen an den wirklichen Bedürfnissen vorbei, so existierten oder drohten in anderen Bereichen akute Engpässe. Dies betraf auch den Energiesektor. Schon Ende der 1950er-Jahre sagten Prognosen voraus, dass ohne den Einsatz anderer Energieträger zur Deckung des landesweiten Strombedarfs ab etwa 1988 die gesamte Jahresförderung an einheimischer Braunkohle herangezogen werden müsse. Daher setzte die DDR schon früh auf Atomstrom.[87]

Die Drosselung der sowjetischen Erdöllieferungen zu Beginn der 1980er-Jahre verschärfte die Situation und führte 1983 zu einem recht ambitionierten Kernenergieprogramm (»Staatsplan Kernenergie«), das bis zum Jahr 2000 sogar 40 % des nationalen Strombedarfs decken sollte. Dementsprechend beschloss der XI. Parteitag den Anteil an Atomstrom innerhalb von fünf Jahren von 11 % (1985) auf 15 % (1990) zu erhöhen. Um diese Vorgaben erfüllen zu können, waren der massive Ausbau des Standorts Lubmin, die Fertigstellung des Kernkraftwerks in Stendal und die Errichtung weiterer Anlagen, auch zur Erzeugung von Fernwärme, notwendig.

Doch durch die Aufgabe einer eigenen Atomindustrie in den 1960er-Jahren hatte sich die DDR auf diesem Feld völlig abhängig vom Import sowjetischer Technologie gemacht. Planungsfehler, Lieferengpässe bei den Reaktoren und Materialmängel waren nur einige Faktoren, die dazu beitrugen, dass die Vorgaben des »Staatsplans Kernenergie« und des XI. Parteitages im Grunde nicht umsetzbar waren.[88]

Da viele der für eine Nachrüstung benötigten Komponenten weder in der Sowjetunion noch bei den sozialistischen Bruderstaaten zu erhalten waren, mussten diese gegen Beträge in zweistelliger Millionenhöhe im Westen eingekauft werden. So entschied man sich 1988, die elektrotechnischen Anlagen fast vollständig gegen solche aus »aus westeuropäischer Produktion« auszutauschen. Noch im Sommer 1989 erarbeitete die DDR zusammen mit der CSSR, Bulgarien und der Sowjetunion neue Mindestanforderungen an die Sicherheit der eigenen Kernkraftwerke. Diese trieben die Kosten aber immer weiter in die Höhe. Die in Lubmin und Stendal im Bau befindlichen Reaktoren sollten als Berstschutz alle ein gasdichtes Containment erhalten.[89]

Nach dem Mauerfall wurden Details zum tatsächlichen Zustand der DDR-Kernanlagen öffentlich bekannt. Insbesondere die Berichterstattung im Nachrichtenmagazin »Der Spiegel« über das Kraftwerk Lubmin, wo 1975 ein ernstzunehmender Störfall verheimlicht worden war, stellte alle aus sowjetischer Produktion stammenden Kernanlagen als »Tschernobyl Nord« oder »Stendobyl« unter Generalverdacht. Der westdeutsche Bundesumweltminister Klaus Töpfer bezeichnete in diesem Zusammenhang das AKW Lubmin als »Samowar an der Ostsee«.[90]

Fast gleichzeitig legte das SAAS einen neuen Bericht vor, wonach »[d]ie Blöcke 1 bis 4 des KKW Greifswald [...] auch durch hohen Aufwand nicht auf einen Stand zu bringen« seien, »der den heutigen Sicherheitsanforderungen entspricht«. Die »dynamische Entwicklung in der Reaktorsicherheitstechnik lasse jede verzögerte und langsame Rekonstruktion fragwürdig erscheinen, da sich der Abstand zum internationalen Sicherheitsstandard ständig vergrößert«.[91]

Für die DDR hatte sich nach dem Mauerfall die Situation grundsätzlich geändert. Anstelle der bisher vorhandenen Abhängigkeit von der Sowjetunion stand nun der Zugang zum westlichen Markt sowohl für die Beschaffung der Reaktortechnik als auch beim Zukauf von Strom. Die abzusehende Schließung vieler energieintensiver Betriebe sowie das nach dem Übergang zur Bundesrepublik Deutschland geltende Atomrecht machten die DDR-Kernkraftwerke unrentabel. Im Sommer 1990 erteilte das SAAS dem AKW Rheinsberg keine Betriebserlaubnis mehr, die Stilllegung von Greifswald zog sich noch bis Februar 1991 hin, auf der Baustelle in Stendal gingen etwas später ebenfalls die Lichter aus.[92]

Wenige Monate vor dem Ende der DDR jährte sich das Reaktorunglück von Tschernobyl zum vierten Mal. Ein aus Umweltgruppen gebildeter Trägerkreis rief für den 26. April 1990 zu einem »Tschernobyl-Aktionstag« auf. Was bisher nur im Verborgenen und nur gegen den Willen des Staatsapparates möglich war, wurde nun als quasi republikweiter Gedenktag am 26. April 1990 um 13:00 Uhr mit einem fünfminütigen Glockengeläut öffentlich begangen.[93]

4 Epilog: Tschernobâle, 1. November 1986

Am Abend des 16. Oktobers 1986 feierte das Theaterstück *Totenfloß* des Dramatikers Harald Mueller (*1934) in den Schauspielhäusern von Basel, Düsseldorf und Stuttgart gleichzeitig Premiere. In diesem Endzeitdrama, das im atomar und chemisch zerstörten Deutschland des Jahres 2050 spielt, versucht eine Gruppe durch eine Floßfahrt auf dem »verseuchten Schicksalsstrom« dem sicheren Tod zu entgehen. Doch statt in einem sicheren Hafen endet der Weg auf dem offenen Meer.

Die ursprüngliche Fassung dieses Stückes feierte schon 1984 in Oberhausen seine Premiere und blieb ohne nennenswerte Resonanz. Erst das Reaktorunglück von Tschernobyl verlieh dem *Totenfloß* eine ungeahnte Aktualität.[1] Bei den meisten Kritikern fand jedoch auch die Neufassung von 1986 wenig Gnade. Vor allem die »Kadaverszenerie« und das summarische Anhäufen von Katastrophen zu einer »hypermaladen Horrorschau«, stießen auf Ablehnung. Der »Welt«- Feuilletonist Lothar Schmidt-Mühlisch (1938–2007) degradierte das *Totenfloß* sogar zu einem »schnellen Nachschuß« der »kulturprogressiven Untergangs-Schickeria«.[2] Vierzehn Tage nach der Basler Erstaufführung sollte sich zeigen, weshalb derartige Stoffe plötzlich eine solche Resonanz beim Publikum fanden. Auf der Bühne präsentierte Horrorszenarien, wie unbewohnbare Orte oder die auf dem vergifteten Rhein nach Wasser dürstenden Darsteller waren näher an der Realität, als es sich viele vorstellen wollten.

Wiederum ereignete sich ein im Vorfeld eines Feiertages an einem frühen Samstagmorgen ein Unglück, wiederum traf es die Menschen und Behörden unvorbereitet und wiederum entwickelte sich ein Industrieunfall zu einer gewaltigen Umweltkatastrophe mit grenzüberschreitendem Charakter. Ein bis dato nur der Fachwelt bekannter Ort erlangte auch hier traurige Berühmtheit: Schweizerhalle.[3]

Etwa gleichzeitig entdeckten Polizisten und ein Werksangehöriger in der Nacht zum 1. November 1986 um 00:19 Uhr ein Feuer auf dem Gelände des Schweizer Chemiekonzerns Sandoz in dem südlich von Basel gelegenen Industriegebiet. Den herbeigerufenen Einsatzkräften bot sich ein erschreckendes Bild: Aus der in Vollbrand stehenden Lagerhalle 956 stiegen bis zu 60 Meter hohe Feuerbälle auf, bald detonierten mit Chemikalien gefüllte Fässer. Um 00:53 Uhr lösten die Behörden für den Großraum Basel Katastrophenalarm aus.[4]

Fast 400 Feuerwehrleute bekämpften sechs Stunden lang den Brand. Da der anfangs eingesetzte Löschschaum keine Wirkung zeigte, versuchten die Einsatzkräfte, die Flammen mit Unmengen von Wasser zu ersticken. Innerhalb weniger Minuten lief das Rückhaltebecken des Werkgeländes über, das mit Chemikalien verseuchte Löschwasser bahnte sich sowohl oberirdisch als auch durch die Kanalisation den Weg ans Rheinufer. Zu allem Überfluss saugte dort ein herbeigeeiltes Löschboot das Wasser an und beförderte es unwissentlich über seine Feuerspritzen

Abb. 9: Die ausgebrannte Lagerhalle 956 der Sandoz AG in Schweizerhalle am Morgen des 1. November 1986.

samt dem darin enthaltenen Chemikaliencocktail zurück in den Brandherd, wodurch sich neue, nicht bekannte Substanzen bildeten. Ein beiß-
ender Gestank legte sich über die ganze Region, um 05:30 Uhr heulten
in der Stadt Basel die Sirenen.[5] Die Gefahr schien jedoch gebannt, als
der Krisenstab um 06:00 Uhr Entwarnung gab.[6] Gegenüber der Presse
verkündeten Vertreter der zuständigen Umweltämter »Es bestehe überhaupt keine Gefahr für die Bevölkerung.«[7] Diese Beruhigungspille wirkte aufs erste: *Glimpflich abgelaufener Chemieunfall in der Region Basel* titelten die »Freiburger Nachrichten« am 3. November 1986, *Giftwolke
schadet der Gesundheit nicht* resümierte das »Thuner Tageblatt«. Der baden-württembergische Umweltminister Gerhard Weiser ordnete die Fol-
geschäden des Unglücks als »absolut minimal« ein.[8]

Erst Großbrand, dann Fischsterben

Von der blutroten Brühe, die große Teile des Brandplatzes bedeckte,
schien ebenfalls keine Gefahr auszugehen, Vertreter der Sandoz erklärten, dass es sich dabei um einen harmlosen Farbstoff handelte. Doch
schon am Sonntag, den 2. November 1986 trieben eine Tonne toter Fische bei Basel im Rhein.[9] Was anfänglich noch kleingeredet worden
war, entpuppte sich nach und nach als eine der größten Umweltkatastrophen in Europa. Durch das Löschwasser waren nicht nur große Mengen
des eher »harmlosen« Farbstoffes »Rhodamin B«, sondern auch tonnen-
weise hochgefährliche Chemikalien in den Rhein gelangt. Dort bildeten
sie eine Giftwelle von insgesamt 70 Kilometer Länge, die so gut wie alles
Leben im Fluss auf den nächsten 400 Rheinkilometern bis etwa zur Lo-
reley auslöschte. Trotz der zunehmenden Verdünnung war die maßgeblich in den unteren Strömungsschichten fließende Giftfracht noch eine
Woche später in den Niederlanden deutlich messbar. Schon zuvor waren
am Oberrhein über 150 000 tote Aale aus dem Strom gezogen worden.
Schätzungen gehen davon aus, dass das Unglück von Schweizerhalle fast
die gesamte Population dieses eher als »robust« geltenden Fisches ver-

nichtete .[10] Der Landes-Fischereiverband Baden sprach vom »Tschernobyl der Wasserwirtschaft«. Alle Trinkwasserbrunnen am Rhein mussten
geschlossen werden, in den rheinland-pfälzischen Gemeinden Unkel
und Bad Hönningen versorgte die Feuerwehr rund 24 000 Einwohner
mit Wasser aus Tankwagen und provisorischen Leitungen. Im Köln-Düs-
seldorfer Raum schlossen die Bierbrauereien ihre Brunnen.[11]

Gleich der Wolke aus Tschernobyl im Mai 1986 sahen die Menschen
am Rhein jetzt der Giftwelle aus Basel entgegen. *Der Tod kommt mit
3,7 km/h* titelte die »Bildzeitung« am 8. November 1986.[12] Die Behörden warnten davor, zu angeln, Eltern sollten ihre Kinder nicht am Ufer
spielen lassen und Bauern das Vieh vom Fluss fernhalten.[13]

Der Umweltkatastrophe folgt
ein Kommunikationsdesaster

Der Informationsfluss des verantwortlichen Chemiekonzerns glich eher
einem Rinnsal. Erklärten Sandoz-Vertreter anfangs, dass bei dem Unglück etwa 500 Tonnen Chemikalien brannten, so waren es kurz darauf
800, dann 1 250 und schließlich 1 350 Tonnen[14]. Neben der Menge der
verbrannten oder in den Rhein gelangten Substanzen beschäftige die
Öffentlichkeit vor allem die Frage, welche Chemikalien freigesetzt worden waren. Auch in diesem Punkt wiederholte sich das Spiel aus an-
fänglicher Verharmlosung und der allmählichen Preisgabe von brisan-
ten Informationen. Was im ersten Moment als mindergefährliche Stoffe
bezeichnet wurde, entpuppte sich als eine giftige Mixtur von Agroche-
mikalien. Schließlich waren es an die 30 Tonnen dieser Stoffe, darunter
über 100 Kilo Quecksilberverbindungen und Phosphorsäureester, die in
den Rhein gespült worden waren.[15] Beiläufig erfuhr die Bevölkerung
am 3. November 1986, dass es weit schlimmer hätte kommen können:
Zahlreiche andere Gefahrenstoffe lagerten in unmittelbarer Nähe zur
Unglücksstelle, darunter hunderte Fässer mit Lösungsmitteln sowie Behälter mit Natrium und hochgiftigem Phosgen.[16]

Immer mehr rückten die Sicherheitsvorkehrungen und die Baugeschichte der abgebrannten Lagerhalle in den Fokus. War in den ersten Nachrichten noch davon die Rede, dass Feuermelder und Sprinkleranlage »bei der grossen Hitzeentwicklung geschmolzen« waren, so stellte sich sehr schnell heraus, dass es dort derartige Sicherheitseinrichtungen schlichtweg nicht gab.[17] Vielmehr war die in den 1970er-Jahren errichtete Leichtbauhalle 956, deren Ausstattung eher an das Warenlager einer Getränkegroßhandlung als an ein Depot für Gefahrgut erinnerte, ursprünglich zur Unterbringung von Maschinen und Werkzeugen errichtet worden. Im Laufe der Zeit funktionierte Sandoz die Halle stillschweigend um.[18]

Am 11. November 1986 veröffentlichten die bundesdeutschen Grünen Auszüge aus einem Gutachten der Zürich-Versicherung zur Halle 956. Letztere hatte es schon 1981 abgelehnt, das Bauwerk in der bestehenden Form zu versichern und genau vor dem Szenario gewarnt, dass am 1. November 1986 eintrat. Doch als Konsequenz rüstete Sandoz die Halle nicht etwa nach, sondern fand mit dem Gerling-Konzern eine Gesellschaft, die das Gebäude zu den bestehenden Konditionen versicherte. Auf diese Vorwürfe reagierten die Spitzenmanager von Sandoz am 13. November 1986 mit einem öffentlichen Schwur, in dem sie erklärten, das »ominöse« Gutachten der Zürich-Versicherung erst einen Tag zuvor gesehen zu haben, was jedoch eine etwas später herausgegebene Erklärung der eigenen Rechtsabteilung widerlegte.[19]

Während sich die Informationspolitik des Chemiekonzerns zu einem regelrechten Kommunikationsdesaster entwickelte, blieben auch die verantwortlichen Behörden nicht von Kritik verschont. Dies betraf sowohl den offenkundig laxen Umgang der staatlichen Aufsichtsorgane mit den Sicherheitsvorschriften als auch das Krisenmanagement in der Unglücksnacht. Schließlich war es nicht die Schweiz, sondern die Bundesrepublik Deutschland gewesen, die nach eigenen Messungen am 5. November 1986 internationalen Rheinalarm auslöste.[20]

Die Parallelen zu Tschernobyl waren allgegenwärtig. Selbst Bundesinnenminister Zimmermann räumte ein, »dass die Kernenergie zwar am Gefährlichsten sei. Dann komme aber gleich die chemische Industrie.« Die Berichterstattung der Presse in den Wochen nach dem Sandoz-Unglück ähnelte sehr derjenigen nach der Reaktorkatastrophe von Tschernobyl. Jede Störung, jeder Unfall gelangte nun auf die Titelseiten. Was die Medien dabei zu Tage förderten, war alles andere als Sensationsjournalismus. Sie dokumentierten eine schier nicht enden wollende Kette von Störfällen in den am Rhein produzierenden Betrieben.[21] Rasch stellte sich die Frage, ob es sich dabei um eine seit Jahrzehnten branchenübliche Praxis handelte. Die internationale Empörung war groß. Entwickelte sich der Reaktorunfall von Tschernobyl in vielen Ländern rasch zu einer Grundsatzdebatte um die Kernkraft, so drohte nach Schweizerhalle das gleiche Szenario der chemischen Industrie. Das offenbar fahrlässige und mutwillige Verhalten der Verursacher sorgte indes nicht nur für eine Aus- oder Umstiegsdebatte in der Chemie, sondern auch für eine durch alle Parteien gehende Verärgerung. Bundeskanzler Helmut Kohl nannte am 16. November 1986 die Leichtfertigkeit, mit der sich das Unglück bei Sandoz ereignet hatte, »völlig unerträglich« und zeigte für das Verhalten einiger Chemiekonzerne »absolut kein Verständnis«.[22] Der umweltpolitische Sprecher der Unionsfraktion im Bundestag, Paul Laufs (*1938), warnte die chemische Industrie vor einem drohenden Vertrauensverlust.[23] Bundesumweltminister Wallmann forderte am 19. November 1986 Konsequenzen. Nach dem Brand von Schweizerhalle »dürfe jetzt nicht zur Tagesordnung übergegangen werden«.[24]

Dabei stieß Wallmann auch bei seinen Amtskollegen im Ausland offene Türen ein. In den Rheinanliegerstaaten waren schon Stimmen laut geworden, die Eidgenossenschaft als verantwortlichen Staat auf Schadensersatz verklagen. Um dies zu verhindern, lud der Schweizer Bundespräsident und Innenminister Alphons Egli (1924–2016) für den 12. November 1986 Vertreter der Rheinanliegerstaaten, der EWG und der Internationalen Kommission zum Schutze des Rheins (IKSR) zu einer Sondersitzung nach Zürich ein. Ziel des Gastgebers war es, die entstandenen Schäden durch eine »unverzügliche Regelung« auf »gütlichem Weg« zu begleichen.[25] Das Ergebnis war am 1. Oktober 1987 die Verabschiedung des »Aktionsprogramms Rhein«. Ziel dieser rechtlich nicht bindenden Vereinbarung war die grundlegende ökologische Erneuerung des Flusses bis zu Jahr 2000.[26]

In puncto Schadensersatz gab der Schweizer Bundespräsident ein Musterbeispiel eidgenössischer Diplomatie. War der deutsche Bundesumweltminister auf der Züricher Konferenz im November 1986 noch davon beeindruckt, »wie Kollege Egli nichts verniedlichte«, so ruderten die Schweizer schon einen Monat später zurück, indem sie nicht die staatlichen Behörden, sondern die Sandoz AG zum Adressaten der Schadensersatzansprüche machten. Walter Wallmann hatte zu diesem Zeitpunkt schon auf Schadensersatzansprüche gegenüber den Schweizer Behörden verzichtet. Von den in der Bundesrepublik entstandenen Schäden in Höhe von rund 31 Millionen DM beglich Sandoz bis Sommer 1988 die Summe von 14,6 Millionen DM, den Rest zahlte mehr oder minder der bundesdeutsche Steuerzahler.[27]

Protest und Erinnerung

Ähnlich wie in anderen Ländern traf Schweizerhalle auf eine durch den Reaktorunfall von Tschernobyl sensibilisierte Gesellschaft. Schon am Abend des 1. Novembers 1986 kam es zu einer ersten Demonstration in Basel.[28] Insbesondere die Nachricht, dass die städtischen Behörden am Morgen nach der Brandnacht Jugendliche und Kinder ausdrücklich zum Schulbesuch aufgefordert hatten, sorgte für Empörung.[29] Bitterböse Wortspiele machten die Runde: In Erinnerung an die Chemiekatastrophe im indischen Bhopal wurde aus dem »schönen« Basel »Beau Bâle« nun »Bhopâle« oder in Anspielung an die Reaktorkatastrophe von Tschernobyl »Tschernobâle« oder »Sandobyl«. In den nächsten Wochen folgten Protestaktionen in vielen Orten entlang des Rheins, am 13. Dezember 1986 bildeten 50 000 Demonstranten von Basel flussabwärts eine 70 Kilometer lange Menschenkette, ein »Rheintribunal« erklärte um 14:00 Uhr die chemische Industrie und die Behörden der Zerstörung des Flusses für »schuldig«. In mehreren Ländern riefen Bürger, Apotheker und Parteien zum Boykott der Produkte von Sandoz auf.[30]

Wie angespannt die Atmosphäre in der Stadt Basel war, zeigte sich am 9. November 1986. Im Stadttheater, wo drei Wochen zuvor das *Totenfloß* seine Schweizer Uraufführung erlebt hatte, sollte auf Einladung des Intendanten eine Podiumsdiskussion zum Brandunglück mit Vertretern des Sandoz-Konzerns und der Behörden stattfinden. Doch zu einem ernsthaften Dialog mit den über 700 Gästen kam es nicht. Die Lage eskalierte, als der Sandoz-Vertreter bespuckt wurde und tote Aale auf das Podium flogen.[31]

Die Brandnacht von Schweizerhalle hat sich, ähnlich wie andernorts die erste Nachricht vom Reaktorunglück in Tschernobyl, in das kollektive Gedächtnis vor Ort eingeprägt. Materiell erinnern daran die beiden von der Bildhauerin Bettina Eichin (*1942) entworfenen »Markttische« im Kreuzgang des Basler Münsters: Ursprünglich als Auftragsarbeit zum 100-jährigen Firmenjubiläum der Sandoz AG konzipiert, sollten zwei bronzene Tische zusammen mit einem Brunnentrog als Geschenk des Chemiekonzerns an die Stadt Basel gehen und auf dem Marktplatz vor dem Rathaus ihren Platz finden. Während ein mit Blumen, Obst und Gemüse beladener Markttisch die Gaben der Natur und den Markt als Verkaufsort symbolisierte, sollten auf einem zweiten Tisch Trommel, Gesetzbücher und Akten auf die gesellschaftliche Rolle des nahegelegenen Rathauses hinweisen. Doch nach dem Unglück von Schweizerhalle änderte die Künstlerin das Konzept und leerte den zweiten Tisch. Stattdessen gravierte sie Johann Peter Hebels (1760–1826) Gedicht *Vergänglichkeit* mit dem abgeänderten Schluss »Z. B. [Zu Basel], 1. Nov. 1986, 00.19 H« ein. Als Konsequenz zog sich der Chemiekonzern aus dem Projekt zurück, woraufhin die Künstlerin ihr Werk auf eigene Faust zu Ende führte. Von einer privaten Initiative finanziert, fanden die beiden Tische 1991 »Kirchenasyl« im Kreuzgang des Basler Münsters.[32]

Unfall oder Anschlag?

Noch ehe die letzten Brandnester am Unglücksort gelöscht waren, tauchten Gerüchte um eine mögliche Brandstiftung auf. Zeitungen spekulierten sogar über einen möglichen Kabelbrand in Folge eines Marderbisses.[33] Offenbar schienen alle noch so ausgefallenen Varianten als Auslöser möglich – nur nicht fahrlässiges Handeln. Dazu passte auch die am 13. November 1986 verbreitete Nachricht, dass sich in Anrufen beim Schweizer Fernsehen und der Tageszeitung »Blick« eine »Gruppe Schweiz« der »Roten Armeefraktion« zu einem Brandanschlag auf die Sandoz-Halle bekannt habe. Freilich nahmen die zuständigen Behörden diese fast zwei Wochen nach dem Unglück eingegangenen Anrufe nicht allzu ernst.[34] Denn schon Tage zuvor war bei den Untersuchungen vor Ort der eigentliche Brandherd ins Visier der Ermittler geraten. Dieser Bereich diente vor allem zum Verschweißen der Folien, mit der die chemischen Produkte auf Paletten fixiert wurden. Bei Nachforschungen stellte sich heraus, dass vor dem Unglück Säcke mit der Farbe »Berliner Blau« transportfertig zusammengeschweißt worden waren. Zwar wusste Sandoz seit den 1960er-Jahren, dass dieser Farbstoff über längere Zeiträume fast rauchlos vor sich hin glimmen konnte, und schrieb deshalb vor, die Farbstoffsäcke nach dem Einschweißen in Folien mindestens einen halben Tag zur Sicherheit außerhalb von Gebäuden zu lagern. Doch dies war vor jener Brandnacht zum 1. November 1986 nicht geschehen.[35] Offenbar wegen des bevorstehenden Wochenendes hatten die Arbeiter gleich nach der thermischen Behandlung die mit dem Farbstoff beladenen Paletten innerhalb der Halle belassen, wo sich in aller Stille ein Glimmbrand entwickeln konnte. Dies würde auch erklären, weshalb ein Wachmann kurz nach 22:00 Uhr nichts bemerkt hatte.[36] Möglicherweise löste dessen dreiminütiger Wachrundgang durch das Öffnen von Türen und Toren und durch die damit verbundene Sauerstoffzufuhr den Brand erst aus.

So nahm auch der wissenschaftliche Dienst der Stadtpolizei Zürich in seinem am 5. Juni 1987 veröffentlichten Gutachten das fahrlässige Hantieren beim Verschweißen der Paletten als »wahrscheinlichste Ursache« an. Für andere Auslöser, wie Kurzschluss, Blitzeinschlag, Rauchen oder Brandstiftung, gab es nach den Worten der Untersuchungskommission keine Anhaltspunkte.[37]

Die Chemiekonzern gab sich mit diesem Gutachten nicht zufrieden und ließ ein Gegengutachten erstellen, woraufhin die Staatsanwaltschaft Zürich ein drittes Gutachten in Auftrag gab.[38] Das Verfahren gegen die Sandoz-Verantwortlichen stellten die Behörden im Juni 1992 ein, da sich die Brandursache »nicht mit der geforderten Bestimmtheit nachweisen« ließ. Lediglich die Leiter von Werksfeuerwehr und Werkssicherheitsdienst erhielten wegen der Schwemmung des Brandplatzes in der Woche nach dem Unglück Geldstrafen wegen »Zuwiderhandlung gegen das Gewässerschutzgesetz«.[39]

Der aus mehrfacher Hinsicht unbefriedigende Ausgang der juristischen Aufarbeitung bot Nahrung für Verschwörungstheorien. Im Jahr 2000 geisterte das Gerücht von einem politisch motivierten Anschlag durch die Medien. Ausgelöst hatte diese Spekulationen eine Reportage der ZDF-Sendung »History«, in der sehr vage Äußerungen des ehemaligen Chefs der CIA-Terrorabwehr Vincent Cannistraro (+2019) dahingehend konstruiert wurden, dass die DDR-Staatssicherheit angeblich einen Brandanschlag in Schweizerhalle verübt habe, um von den Ereignissen in Tschernobyl abzulenken. Abgesehen davon, dass diese Behauptung nach einem genaueren Blick auf die eigentlichen Aussagen völlig haltlos war, fanden sich nirgendwo Beweismittel für eine solche Hypothese.[40] 2011 war es der ehemalige Gewerbedirektor und Großrat des Kantons Basel-Land, Hansjörg Wirz (*1938), der zum 25. Jahrestag des Unglücks die Theorie eines Brandanschlages befeuerte. Freilich klingen die dafür vorgebrachten Argumente fast so abstrus wie die elf Jahre zuvor vom ZDF verbreiteten Narrative.[41] Sechs Jahre später meldete die »Basler Zeitung« eine neue Theorie, wonach in der Unglücksnacht illegal gelagertes Feuerwerk das Brandunglück verursacht haben soll. Der deshalb beschuldigte Mitarbeiter widersprach dieser Behauptung energisch.[42]

Doch die auch in der einschlägigen Literatur zuweilen vertretene Ansicht, dass die Theorie eines Attentats durch KGB und Staatssicherheit »nicht ganz« ausgeschlossen werden kann, ruft geradezu nach Gegenfragen.[43] Warum sollte ein östlicher Geheimdienst ausgerechnet in der neutralen Schweiz zur »Ablenkung« vom Tschernobyl-Desaster einen derartigen Anschlag verüben? Im Grunde lenkte Schweizerhalle nicht von Tschernobyl ab, sondern rief es vielen Menschen am Rhein und in ganz Europa als eine Art »Déjà-vu« in Erinnerung – als »Tschernobâle«.

Infobox 10: Eine Umweltkatastrophe, eine Ursache, aber keine Schuldigen: Das Fischsterben an der Saar 1986

Ende Juli 1986 bot sich an der Saar ein apokalyptisches Bild: Fische sprangen aus dem Wasser und verendeten am Ufer, andere trieben stromabwärts bis zur Mettlacher Schleuse, wo sich ein regelrechter Teppich aus Fischkadavern bildete, dazwischen tote Reiher und Möwen. Die Einsatzkräfte kämpften tagelang bei den Aufräumarbeiten gegen einen infernalischen Gestank, über 100 Tonnen tote Fische mussten später als Sondermüll verbrannt werden.[44]

Das von Sportfischern am Morgen des 26. Juli 1986 bei Dillingen entdeckte Fischsterben weitete sich zur größten ökologischen Katastrophe in der Geschichte des Flusses aus. Die anfängliche Vermutung, dass Sauerstoffmangel der Auslöser war, bestätigte sich nicht. Stattdessen stellten die Behörden eine außerordentlich hohe Cyanidkonzentration fest. Über zwei Tonnen dieser hochgiftigen Substanz waren innerhalb kürzester Zeit in die Saar gelangt. So schnell die Ursache feststand, so schwierig gestaltete sich die Suche nach dem Schuldigen. Mehrere Stahlhütten und Kokereien gerieten ebenso unter Verdacht wie Entsorgungsunternehmen. Die Staatsanwaltschaft untersuchte einige Industrieanlagen nach einer möglichen Betriebsstörung. Doch Ablauf, Zeitpunkt und die große Giftmenge sprachen eher gegen einen Unfall. Letztendlich konnte niemandem die Tat nachgewiesen werden.

Stattdessen gerieten Presse und Rundfunk ins Visier der Justiz. War im Herbst 1987 ein Verfahren gegen vier Journalisten wegen des »Verdachts der Veröffentlichung amtlicher Schriftstücke eines Strafverfahrens« nach kurzer Zeit wieder eingestellt worden, so verurteilte das Saarbrücker Amtsgericht 1988 einen Redakteur des Saarländischen Rundfunks und eine weitere Person »wegen übler Nachrede« zu Geldstrafen. Der Anlass war eine Fernsehreportage, in der eine Firma für Giftmüllentsorgung als mutmaßlicher Verursacher genannt wurde, worauf das betroffene Unternehmen Strafanzeige erstattete. Die Ermittlungen zur eigentlichen Umweltkatastrophe waren zu diesem Zeitpunkt schon längst ergebnislos eingestellt worden.[45]

So bleibt dieses größte Fischsterben an der Saar bis heute ungesühnt.

1986 – ein Epochenjahr: Diskussionen bis in die Gegenwart und eine ferne Zukunft

Während der Abfassung dieses Buchs ereignete sich am 25. Januar 2019 im brasilianischen Brumadinho ein katastrophaler Dammbruch. Etwa 300 Menschen kamen auf grauenhafte Weise in einer Schlammlawine ums Leben, eine giftige rotbraune Brühe aus Rückständen der Eisenerzproduktion überflutete mehr als 400 Hektar Land. Das Ereignis hielt sich nur wenige Tage in den Medien. Als weltweit schwerstes Einzelunglück im Jahr 1986 – gemessen an der Zahl der unmittelbaren Todesopfer – gilt der Untergang des sowjetischen Passagierdampfers »Admiral Nachimow« am 31. August 1986, bei dem 423 Menschen den Tod fanden.[1] Doch wer in Deutschland kennt Brumadinho oder erinnert sich an das Schicksal der »Admiral Nachimow«?

Tschernobyl hingegen ist seit den ersten Maitagen 1986 als Begriff für eine grenzenlose Technik- und Umweltkatastrophe im kollektiven Gedächtnis vieler Menschen präsent. Ist dies angesichts der von den sowjetischen Behörden bis Ende August 1986 »nur« 31 bestätigten Toten gerechtfertigt?

Tatsächlich starben an den unmittelbaren Folgen des Reaktorunglücks (Explosion und Strahlung) 30 Menschen, eine Person erlitt einen tödlichen Herzinfarkt. Der Tod eines Kameramanns im März 1987 gilt schon als »Grenzfall«.[2] Nicht erfasst sind in dieser Statistik die vierköpfige Besatzung des Hubschrauberabsturzes vom 2. Oktober 1986, die Opfer unter den viel zu spät evakuierten Einwohnern der umliegenden Ortschaften, Kraftwerksmitarbeiter und Feuerwehrleute, die an den Spätfolgen starben – vom Riesenheer der Liquidatoren oder Nachgeborenen der Strahlengeschädigten ganz zu schweigen. Das Beispiel der an Krebs erkrankten Arbeitskräfte aus der ehemaligen DDR, die ohne größere Schutzmaßnahmen im Mai 1986 Lastkraftwagen reinigen mussten, zeigt stellvertretend für andere offene Fälle das Dilemma einer Opferstatistik auf. Letztendlich entscheiden dann Gerichte darüber, wer an den Folgen der Reaktorkatastrophe von Tschernobyl erkrankte oder verstarb. Weitere Faktoren, wie andere durch das Unglück hervorgerufene Krankheiten, fehlende Gesamtstatistiken und die weite räumliche Verteilung machen es unmöglich, eine auch nur annähernd bestimmte Zahl an Toten und Erkrankten zu nennen. Die Schätzungen über die mögliche Zahl an Toten reichen daher von etwa 6 000 bis 1,6 Millionen[3].

Diese gewaltige Divergenz ergibt sich sowohl aus den oben genannten Faktoren als auch letztendlich aus der Frage, welche Interessen die damit befassten Institutionen vertreten. Ähnlich dem Verlauf der Diskussion um die Ursachen des eigentlichen Reaktorunfalls würde auch die Geschichte der Ermittlung der möglichen Opferzahlen ausreichend Stoff für ein eigenes Buch liefern – ohne jedoch eine befriedigende Antwort geben zu können. Als Beispiel sei nur die im Vorfeld des 20. Jahrestages der Katastrophe ausgebrochene Diskussion angeführt: Im September 2005 legte das von der IAEA zwei Jahre zuvor gegründete Tschernobyl-Forum seine Ergebnisse unter dem Titel *The Enduring Lessons of Chernobyl* vor. Die Untersuchung kam zum Schluss, dass die Zahl der Verstorbenen und der noch zu erwartenden Todesopfer insgesamt bei etwa 4 000 Personen lag – 2 000 weniger, als es sowjetische Ärzte 1986 und 5 000 weniger als es die WHO im Sommer 2005 prognostiziert hatten.[4]

Der Bericht stieß teils auf scharfe Kritik. Die Organisation »Ärzte gegen Atomkrieg« (IPPNW) nannte die Schlussfolgerungen der IAEA »absurd«. Im April 2006 folgte unter dem Titel *Gesundheitliche Folgen von Tschernobyl 20 Jahre nach der Reaktorkatastrophe* eine erste Stellungnahme von IPPNW und der »Gesellschaft für Strahlenschutz« (GfS). Diese zeigte die inhaltlichen Widersprüche und methodischen Fehler des IAEA-Berichts auf. So bezeichnete GfS-Präsident Sebastian Pflugbeil die offensichtlich recht fragwürdigen Auswahlkriterien für die Einordnung als Tschernobylopfer als eine »unzulässige Spitzfindigkeit«.[5]

Fast zeitgleich erschien zum 20. Jahrestag der Reaktorkatastrophe ein von der Grünen-Europaabgeordneten Rebecca Harms (*1956) in Auftrag gegebener Gegenbericht des Strahlenbiologen Ian Fairlie und des

Kernphysikers David Sumner unter dem Titel *The Other Report on Chernobyl* (»TORCH«). Darin kommen die beiden Autoren zum Schluss, dass bei dem Unglück nicht nur weit mehr radioaktive Spaltprodukte freigesetzt wurden als bisher angenommen, sondern etwa 40 % der Fläche Europas durch Cäsium-137 verseucht wurden. Im Gegensatz zu den von WHO und IAEA vorgelegten Daten sei daher nicht mit 4 000, sondern zwischen 30 000 bis 60 000 Krebstoten zu rechnen.[6] Unter Hinweis auf die Defizite des IAEA-Berichts empfahlen die Verfasser des TORCH-Reports nicht nur in Belarus, der Ukraine und der Russischen Föderation, sondern weltweit die Folgen des radioaktiven Niederschlags durch unabhängige Experten untersuchen zu lassen.[7]

Ansätze zu einer historischen Einordnung

In einem aktualisierten Vorwort des im Mai 1986 erschienen Buches *Risikogesellschaft* ordnete der Soziologe Ulrich Beck das Reaktorunglück als eine der »geschichtlichen Katastrophen« des Jahrhunderts ein und stellte Tschernobyl in eine Reihe mit den Weltkriegen, Auschwitz, Nagasaki, Harrisburg und Bhopal. Dies war nicht nur angesichts der in Tschernobyl noch in Gang befindlichen Ereignisse recht kühn.[8] Dementsprechend kritisierte der Freiburger Historiker Franz-Josef Brüggemeier Becks Gleichsetzung von Tschernobyl mit den Weltkriegen und Auschwitz als »weit überzogen«.[9] Diese Wertung ist auf den ersten Blick zutreffend, doch auch Beck hatte mit seiner Einschätzung nicht ganz Unrecht: Zweifelsohne ist es hochproblematisch, ein Verbrechen, wie den Holocaust oder die jeweils durch mutwillige Aggressionspolitik herbeigeführten Weltkriege in einem Atemzug mit dem Reaktorunglück von Tschernobyl zu nennen. Weder in Bhopal, Harrisburg oder Tschernobyl ist ein Vorsatz oder eine gezielte Planung erkennbar. Doch zugleich sind all die von Beck angeführten »Katastrophen« in dieser Form – gewollt oder ungewollt – das Ergebnis hochindustrialisierter Gesellschaften.

Daher ist auch die Relativierung Tschernobyls zu einem »großen Industrieunfall« sachlich nicht nachvollziehbar. In einem anlässlich des 31. Jahrestages der Reaktorkatastrophe verfassten Beitrag *Tschernobyl: Fakes und Fakten* beklagt Anna Veronika Wendland das Aufbauschen der Ereignisse vom April 1986 zu einer »Weltkatastrophe« durch eine »Chernobyl Industry«, an der »deutsche Sinnproduzenten und Interessengruppen aus der gutmeinenden Ecke einen nicht geringen Anteil« hätten.[10] Abgesehen davon, dass die Verfasserin sich damit – bewusst oder unbewusst – in der Terminologie bei Norman Finkelsteins *Holocaust Industry* positioniert, verfehlt der Text allein durch seine einseitige Auswahl der Quellen jeden wissenschaftlichen Ansatz und ist wohl nicht umsonst auf der betreffenden Webseite unter »Alternative Fakten« verschlagwortet.

Doch die Diskussion um möglichst hohe, niedrige oder genaue Opferzahlen führt völlig an der Frage der historischen Einordnung des Reaktorunglücks von Tschernobyl vorbei. Selbst der umstrittene Bericht der IAEA spricht von etwa 4 000 eingetretenen oder zu erwartenden Todesfällen. Damit ist Tschernobyl so oder so als eine gewaltige Technikkatastrophe mit ebenso schwerwiegenden Folgen für die Umwelt zu sehen.

1986 – die Wahrnehmung von Hochtechnologien änderte sich

Weitaus wichtiger als eine wie auch immer geartete quantitative Bilanzierung der Opferzahlen ist der Sachverhalt, dass es sich bei dem Reaktorunglück um eine transnationale Katastrophe handelte, die schnell große Teile Europas und Kleinasiens erreichte. Menschen, die kurz zuvor noch die Rolle des Zuschauers eingenommen hatten, wurden binnen Tagen zum Teil des Geschehens. Das klein gerechnete »Restrisiko« war plötzlich eingetreten. Während sich die eine Hälfte der Experten um die Gefahren der Kernenergie stritt, überhäuften andere die Öffentlichkeit mit nichtssagenden Zahlentabellen oder erklärten in einem zuweilen recht belehrenden Ton den »Nichtfachleuten« die Vorzüge der Atomkraft.[11] All dies führte zu einem dramatischen Glaubwürdigkeitsverlust in breiten Kreisen der Bevölkerung.

In der Bundesrepublik Deutschland trafen die Ereignisse von Tschernobyl auf ein Klima, das seit Jahren vom Streit um Atomkraft sowie um die nukleare Aufrüstung hochgradig politisiert war.

Noch vor dem Reaktorunglück von Fukushima tauchte die berechtigte Frage auf, weshalb in einem Land wie Japan, das Opfer zweier Atombomben wurde, die Kernkraft eine derartige Akzeptanz besitzt, während die Bundesrepublik auf eine über Jahrzehnte teils sehr intensiv geführte Auseinandersetzung um die Kernkraft zurückblicken kann.[12] Doch gerade die Ereignisse und Folgen von Tschernobyl machen die Anatomie dieses scheinbar endlosen Konfliktes deutlich: Im Gegensatz zu vielen anderen Ländern nahm die westdeutsche Gesellschaft geprägt u. a. durch die Atomwaffendiskussion Ende der 1950er-Jahre und den Nato-Doppelbeschluss die Trennung zwischen militärischer und ziviler Nutzung der Atomkraft nicht wahr. Stattdessen war es die »nukleare Bedrohung«, die zu großen Schnittmengen zwischen der Antiatom- und der Friedensbewegung führte.

Die kritische Distanz gegenüber der wissenschaftlich-technischen Elite ergab sich nicht erst nach Tschernobyl, sondern entstand im Zuge des öffentlichen Diskurses über die Rolle und die Verstrickungen von Physikern, Chemikern und Ingenieuren in die Verbrechen des Nationalsozialismus. In einem Land wie Japan fand diese Diskussion nie statt.

Ein weiteres Charakteristikum dieser Auseinandersetzung ist die föderale Struktur der Bundesrepublik. Waren Atomfragen per Gesetz Bundessache, so überließen die Bundesländer weder in der Phase der Atomeuphorie in den 1950er- und 1960er-Jahren noch bei den Diskussionen um Baustopps oder Betriebsgenehmigungen das Feld allein der Bundesregierung. Letztlich war es das Reaktorunglück von Tschernobyl, das ein wahres Grenzwerte-, Kompetenz- und Informationschaos auslöste und die Schwächen dieser Strukturen offenlegte. In Ländern wie Frankreich, in denen alle Belange der Atomkraft von Anfang an zentralistisch kommuniziert und gesteuert wurden, waren solche Konflikte undenkbar.[13]

Fielen die Ereignisse von Tschernobyl in der Bundesrepublik auf einen konfliktbeladenen Boden, so verschob sich der Fokus ab Mitte Mai 1986 auf den politischen Diskurs über die Konsequenzen für die eigenen Atomkraftwerke. Dabei nahm die Debatte um einen möglichen Atomausstieg immer konkretere Gestalt an. Für die Regierung Kohl stellte diese Situation im Vorfeld wichtiger Wahlen eine besondere Herausforderung dar. Zwar gelang es durch die Einrichtung des längst überfälligen Umweltministeriums der ausgebrochenen Diskussion um die Kernkraft viel an Brisanz zu nehmen, aber nach Tschernobyl wurde in der Bundesrepublik kein neues Atomkraftwerk mehr errichtet. Lediglich sechs im Bau befindliche Reaktoren gingen noch bis 1989 ans Netz – teils nur für wenige Monate. Ohne es öffentlich einzugestehen, leitete die Regierung Kohl damit den Anfang vom Ende der bundesdeutschen Kernkraft ein.[14]

Aufnahme, Berichterstattung und Bewältigung der Reaktorkatastrophe von Tschernobyl verliefen in der DDR völlig anders. Wie in allen sozialistischen Ländern war die friedliche Nutzung der Atomkraft im Arbeiter- und Bauernstaat geradezu eine Staatsdoktrin. Kernphysiker stellten eine einflussreiche und privilegierte Kaste innerhalb der Gesellschaft dar, was durch die Rolle des SAAS seine Verkörperung fand. Nach außen hin versuchte die Staatsführung den Eindruck zu erwecken, dass nicht Politiker oder Funktionäre, sondern unabhängige Fachleute über die Gefahreneinschätzung der Strahlung und die daraus zu ziehenden Konsequenzen zu entscheiden hätten. Dies war – trotz einiger ernst gemeinten Ansätze – freilich ein Trugbild. Zweifel an der Nutzung der Kernenergie durften ebenso wenig aufkommen, wie Kritik an der Informationspolitik des »großen Bruders«. Gerade bei letzterem zeigte sich das eklatante Versagen der Staatssicherheit. Zu keinem Zeitpunkt gelang es Ost-Berlin als engstem Verbündeten Moskaus, einen Nachrichtenvorsprung gegenüber den westlichen Staaten hinsichtlich der Vorgänge in Tschernobyl zu erlangen. Stattdessen konzentrierte man sich in der Normannenstraße darauf, atomkritische Gruppen als »staatsgefährdende Elemente« zu bespitzeln und einen möglichen Diskurs über die Rolle der Kernkraft in der DDR zu unterdrücken. Doch der auf Kontrolle bedachte SED-Staat konnte seine Bürger ebensowenig vor den Strahlen aus Tschernobyl wie vor der westlichen Berichterstattung in Funk und Fernsehen abschirmen.

Gerade dieser letztgenannte Aspekt erinnert daran, dass die Reaktorkatastrophe von Tschernobyl auch im Kontext des Kalten Krieges gesehen werden muss. Anfängliche Geheimhaltung im Osten, wilde Spekulationen in den Westmedien, die Gerüchte um eine militärische Nutzung des Kernkraftwerks, doch auch die nicht überzeugende Verknüpfung der Folgen des Reaktorunfalls mit den Gefahren der Hochrüstung durch Michail Gorbatschow sind nur im Rahmen der Ost-West-Konfrontation erklärbar. Zu dieser Paranoia des Kalten Krieges gehört freilich auch, dass Atomkraftgegner auf beiden Seiten des Eisernen Vorhangs von den jeweils Regierenden automatisch als Gegner des eigenen Systems diffamiert wurden.

Der »anthropologische Schock«, also die durch die Folgen der Reaktorkatastrophe ausgelösten »Ohnmachtserfahrungen« über das eigene Leben, war häufig mit einem Kontrollverlust der Staatsgewalt in Ost und West über die eigene Bevölkerung verbunden.[15] In beiden Gesellschaftssystemen sahen die Regierungen in der friedlichen Nutzung der Atomkraft eine Art »Vernunftechnologie«, die system- und ideologieunabhängig ein fester Bestandteil der jeweiligen Wirtschaftsordnung war. Tschernobyl hat diesen Glauben in weiten Kreisen sowohl der staatlichen Führungsschichten als auch in der Bevölkerung nachhaltig erschüttert. Das tagelange Stillschweigen des Kremls, das Daten- und Informationschaos in der Bundesrepublik sowie die verunglückte Abwiegelungspolitik in der DDR führten den jeweiligen Bürgern das Versagen ihre Staatsführung vor Augen.

Doch die eigentliche Bedeutung des Reaktorunglücks von Tschernobyl für die deutsche Geschichte liegt weniger in den Ereignissen am eigentlichen Unfallort, als vielmehr in der Tatsache, dass sich die Menschen plötzlich mit der Vorstellung eines derartigen Unfalls in ihrer Nähe befassen mussten – oder, um es mit den Worten Friedrich L. Boschkes zu sagen: »Die ganze Bevölkerung bekam einen schwachen Begriff von dem, was sich bei einem Atomunfall im eigenen Land abspielen kann«.[16]

Die bis dahin oft als »negative Utopie« abgetane Vision eines explodierenden Kernkraftwerks war im April 1986 über Nacht empirisch erfahrbar geworden.[17] Angesichts dieser Fakten stellt sich drei Jahrzehnte nach den Ereignissen die Frage, ob das damalige Verhalten von Teilen der Bevölkerung als »Hysterie« oder »Urängste« bagatellisiert werden kann. Rezeptionsgeschichtlich interessant ist dabei auch die Zuweisung der Extreme auf beide deutschen Staaten: »Verharmlosung im Osten, Panik im Westen«.[18]. Freilich ging an vielen Orten, die vom Fallout einigermaßen verschont geblieben waren, der Alltag ohne besondere Vorkommnisse weiter.

Das Gedenken sowie die naturwissenschaftliche und historische Aufarbeitung der Reaktorkatastrophe von Tschernobyl standen in den ersten Jahren nach dem Unglück freilich unter dem Eindruck des Zusammenbruchs der Sowjetunion und dem Ende des Kalten Krieges. Die politischen Umwälzungen brachten einige neue Erkenntnisse über die Umstände und Ursachen des Unglücks an den Tag. Zugleich begann eine Diskussion um die gesundheitlichen und ökologischen Folgen. Eine beachtliche Menge an Publikationen erschien, wie zu erwarten war, 1996 zum 10. Jahrestag der Katastrophe. 2006 wiederholte sich dieses Phänomen nicht. Das Thema erlebte jedoch ein gewaltiges Comeback im Frühjahr 2011 – nicht wegen des 25. Jahrestages, sondern in Zusammenhang mit dem Reaktorunglück von Fukushima. Plötzlich waren die Bilder von 1986 wieder präsent. Diese Erinnerung manifestierte sich jedoch weniger in den »klassischen« Medien sondern vor allem im Internet.

Dieser »Deja-vu«-Effekt nach Fukushima war jedoch nicht neu. Anfang November 1986 weckten Ablauf und Auswirkungen des Chemiegroßbrandes von Schweizerhalle in großen Teilen der Bevölkerung Mitteleuropas, vor allem am Rhein, Erinnerungen an den gerade erlebten Reaktorunfall. Schweizerhalle ist nicht Tschernobyl, doch die Botschaft derartiger Umweltkatastrophen war schon damals unmissverständlich. Die offensichtlichen Risikopotentiale moderner Industriegesellschaften sind in der Lage, ganze Ökosysteme binnen kürzester Zeit auszulöschen, die Technik zeigte hier ihre »böse« Seite.[19]

Tschernobyl, Schweizerhalle, die Saar, Gerichtsprozesse gegen die Verantwortlichen von Bhopal und Seveso, ein weiterer Störfall in Harrisburg sowie das »Challenger«-Unglück waren Schlagzeilen, die das Jahr 1986 prägten. Obgleich diese Ereignisse in keinem kausalen Zusammenhang standen und sich in Ursache, Ablauf und Wirkung teils deutlich unterschieden, prägten sie die Wahrnehmung dieses Jahres. Als

Jahr der Ernüchterung betitelte die »Saarbrücker Zeitung« ihren Rückblick im Dezember 1986.[20] Auch wenn der Reaktorunfall von Tschernobyl alleine schon genügt hätte, war es diese Ansammlung von technischen und ökologischen Katastrophen, die dazu beitrug, dass sich das Verhältnis der Menschen in Mitteleuropa – vor allem in den beiden deutschen Staaten – gegenüber Technik und Umwelt grundlegend gewandelt hat. 1986 kann daher durchaus als ein Epochenjahr in der deutschen Geschichte gesehen werden. Doch im Rückblick haben Mauerfall und Wiedervereinigung drei Jahre später die Ereignisse des Jahres 1986 in den Schatten gestellt.[21]

Abb. 10: Der Rückblick auf das Jahr 1986 mit den Augen des Karikaturisten Horst Haitzinger: »... und danke Dir, dass heute wieder so wenig passiert ist!«

Ungeachtet dessen zeigen die deutsche Beteiligung am New Safe Containment, die Betreuung der Tschernobylkinder sowie die immer noch hohen Werte an radioaktiver Belastung in deutschen Waldböden, dass das Kapitel »Tschernobyl und Deutschland« noch lange nicht abgeschlossen ist. Der Mediziner und Humanökologe Thomas Hartmann schrieb 2003: »Die Reaktor-Explosion von Tschernobyl ist auch nach 16 Jahren kein vornehmlich historisches Ereignis«.[22] Tatsächlich wird das Thema Tschernobyl uns und folgende Generationen noch lange begleiten. In diesem Sinne ist auch dieses Buch nur eine Momentaufnahme.

Anmerkungen

Einleitung

1 Serhii Plokhy: Chernobyl. History of a Tragedy. London 2018; Adam Higginbotham: Midnight in Chernobyl. The untold story of the world's greatest nuclear disaster. New York u. a. 2019; Deutsche Ausgabe: Mitternacht in Tschernobyl: Die geheime Geschichte der größten Atomkatastrophe aller Zeiten. Frankfurt am Main 2019.

2 Die Angaben zu den folgenden Publikationen finden sich im Literaturverzeichnis dieses Buches.

3 Tschernobyl '86: Deutschland und der GAU, Regie: Stefan Ebling, Deutschland 2015.

Prolog: Fünf Sätze, die die Welt verändern

1 Osadczuk-Korab 1993, 336.

2 Arndt 2011, 47; vgl. https://histrf.ru/lenta-vremeni/event/view/avariia-na-chiernobylskoi-aes.

3 RPF 26.04.1986: Parteienstreit im Bundestag um Mahnmal; FR 25. 04.1986: Reagan droht auch Syrien und Iran; SBZ 26./27. 04. 1986: Sicherheitsbehörden inszenierten Sprengstoffanschlag auf Gefängnis; Welt 26.04.1986: Bundeskanzler Kohl vor dem Gipfel: Wir haben unsere Hausaufgaben gemacht.

4 https://www.sueddeutsche.de/panorama/20-jahre-nach-der-reaktorkatastrophe-tschernobyl-wo-liegt-das-eigentlich-1.680497; vgl. https://www.youtube.com/watch?v=Hv9L53DiQTs&feature=related.

5 https://www.youtube.com/watch?v=4qGeWBAmWo.

1 Ein Reaktor, ein Sicherheitstest und die Folgen

1 Schmid 2015, 102–106; Josephson 2000, 25–28.
2 Semenov 1983, 47 f.; Schmid 2015, 98–107.
3 Josephson 2000, 117.
4 Schmid 2015, 110 f.; Josephson 2000, 253.
5 Josephson 2000, 36 f.; Marples 1986, 110.
6 Josephson 2000, 86.
7 Höfer-Bosse 1986, 65 f.
8 Koepp/Koepp-Schewyrina 1996, 62–64.
9 https://www.greenpeace.de/sites/www.greenpeace.de/files/20120430-was-geschieht-mit-Tschernobyl-26-Jahre-spaeter.pdf; Plokhy 2018, 64; Schmid 2015, 145; Puchner 1998, 29.
10 Vgl. Puchner 1998, 41; Buttermann 1987, 75.
11 Marples 1986, 110 f.
12 Plokhy, 18 f.
13 Spiegel 16/1979: Sowjetische Schelte, 19; Higginbotham, 69.
14 Medwedew 1989, 37.
15 Zeit 18/1979: Atomenergie – ein »Märchen wird wahr«, 25–27.
16 Schmid 2015, 105.
17 Plokhy 2018, 18 f.
18 Marples 1986, 51 f.
19 Schmid 2015, 114; Höfer-Bosse 1986, 55.
20 Plokhy 2018, 32.
21 Plokhy 2018, 27–30; https://www.memorialmuseums.org/denkmaeler/view/1577/Erinnerung-an-die-ermordeten-Juden-von-Tschernobyl.
22 Koepp/Koepp-Schewyrina 1996, 54.
23 Plokhy 2018, 27; Campbell/Campbell 2005, 17 f.
24 http://pripyat.com/de/chronology.html; Plokhy 2018, 35.
25 Plokhy 2018, 36 f.; Nacionalna Akademija Nauk Ukraini, Nr. 25.
26 Koepp/Koepp-Schewyrina 1996, 56.
27 Tschernobylskaja AES, 1978.
28 USSR State Committee 1986, 14; Josephson 2000, 254; Interview Brjuchanow 2010.
29 Nacionalna Akademija Nauk Ukraini, Nr. 19 und 20.
30 Plokhy 2018, 33 f.; Josephson 2000, 254.
31 Josephson 2000, 254.
32 FAZ 12.05.1986: Viele grobe Mängel beim Kraftwerksbau in Tschernobyl.
33 Plokhy 2018, 56.
34 Plokhy 2018, 24 f.
35 Gorbatschow 1986, 38, 62 und 156 f.

36 Ryshkow 1986, 45.

37 Plokhy 2018, 43 f.

38 Plokhy 2018, 40; Josephson 2000, 2; Interview Brjuchanow 2010.

39 Brief Dollezhals vom 24.11.1976 an das NIKIET, vgl. http://accidont.ru/rotor.html

40 http://accidont.ru/runtest.html; die Anweisung zum Testprogramm findet sich unter http://accidont.ru/Prog.html.

41 Koepp/Koepp-Schewyrina 1996, 67 ff.; Interview Brjuchanow 2006.

42 Koepp/Koepp-Schewyrina 1996, 67 f./Kröger/Chakraborty 1989, 49.

43 Rassow 1988, 22 f.; Puchner 1998, 15 f.

44 Kröger/Chakraborty 1989, 48 ff.; Arndt 2011, 36.

45 Koepp/Koepp-Schewyrina 1996, 74; Plokhy 2018, 75 ff.

46 Puchner 1998, 16; Kröger/Chakraborty 1989, 51; Koepp/Koepp-Schewyrina 1996, 70; https://www.neimagazine.com/features/featurehow-it-was-an-operator-s-perspec tive/ [30.12.2018].

47 So bei Medwedew 1989, 68.

48 Kröger/Chakraborty, 1989, 51 f. u. 55.

49 Medwedew 1989, 84.

50 So Plokhy 2018, 85, der sich auf die Geräuschwahrnehmung der Augenzeugen beruft.

51 Puchner 1998, 18 f.

52 Puchner 1998, 18; Kröger/Chakraborty 1989, 61; Koepp/Koepp-Schewyrina 1996, 73; Plokhy 2018, 83.

53 Spiegel 23/1986: Havarie oder Katastrophe?, 14 f.

54 Jung 1994, 124.

55 Jung 1994, 229; https://gfds.de/aktionen/wort-des-jahres/.

56 Koepp/Koepp-Schewyrina 1996, 72; Plokhy 2018, 84.

57 Karisch 1996, 15; Schmid 2015, 130.

58 Higginbotham, 117 und 489; vgl. USSR State Committee, 17.

59 https://www.deutschlandfunk.de/tschernobyl-neue-hypothese-zur-atomkatastrophe. 676.de.html?dram:article_id=407320

60 Medwedew 1989, 136; Puchner 1998, 19.

61 Medwedew 1989, 106 ff.

62 Medwedew 1989, 96; Plokhy 2018, 95.

63 Plokhy 2018, 116.

64 Puchner 1998, 21; Koepp/Koepp-Schewyrina 1996, 79.

65 Medwedew 1989, 125; Puchner 1998, 47; Plokhy 2018, 103; Interview Brjuchanow 2006.

66 Medwedew 1989, 142–151; Karisch 1996, 22 f.

67 Koepp/Koepp-Schewyrina 1996, 77; Plokhy 2018, 113 f.

68 Plokhy 2018, 122; Gorbatschow 1995, 289 f.

69 Medwedew 1989, 168: Plokhy 2018, 129 f.: Schtscherbina befand sich zum Zeitpunkt des Unglücks in Barnaul/Altai.

70 Puchner 1998, 54; Medwedew 1989, 167 f.; die seit dem 28. April in Skandinavien gemessen Werte, insbesondere aber der Nachweis von Cäsium-137 und Kobalt 60,

ließen eigentlich keinen anderen Schluss als eine Kernschmelze und die Zerstörung des Reaktors zu (vgl. FR vom 30.04.1986: Explosion im Reaktorkern).

71 Medwedew 1989, 157; Plokhy 2018, 128 f.

72 Plokhy 2018, 133 f.; Medwedew 1989, 157.

73 Medwedew 1989, 180 f.; Kröger/Chakraborty 1989, 86.

74 Mould 2000, 107; Josephson 2000, 257; Medwedew 1989, 221.

75 Josephson 2000, 257; Das »Bombardieren« der Unglücksstelle mit Löschmitteln aus der Luft war unter den sowjetischen Experten heftig umstritten, vgl. Plokhy 2018, 163; unabhängig davon gab der deutsche Experte Prof. Dr. Karl-Heinz Lindackers vom TÜV Rheinland am 29. April auf Anfrage einen ähnlichen Lösungsvorschlag mit Wasser und nassem Sand (vgl. Welt 02.05.1986: Wie die Sowjets den Brand löschen wollen; Higginbotham, 234 f.).

76 Medwedew 1989, 208; Puchner 1998, 25; SBZ 12.05.1986: Katastrophen-Ort.

77 Plokhy 2018, 164; Schmid 2015, 135 f.

78 Puchner 1998, 25; Koepp/Koepp-Schewyrina 1996, 80; Higginbotham, 241

79 Puchner 1998, 23; Higginbotham, 299.

80 Medwedew 1989, 219; Aulbach 2006, 137; Josephson 2000, 265; SBZ 08./09.05.1986: Roboter-Hilfe.

81 Koepp/Koepp-Schewyrina 1996, 82 f.

82 Plokhy 2018, 166 und 218–222; SBZ 10.12.1986: Radioaktiver Abfall mit den Händen entfernt.

83 https://www.who.int/news-room/detail/05-09-2005-chernobyl-the-true-scale-of-the-accident.

84 Plokhy 2018, 250 f.

85 SBZ 07.08.1986: Tschernobyl: Engpaß bei Zement verzögert Reaktor-Versiegelung; Puchner 1998, 26.

86 Josephson 2000, 264; Puchner 1998, 60; TSCHERNOBYL 3828. Regie: Serhiy Zabolotny. Ukraine 2011.

87 Aulbach 2006, 134 f.

88 Jaroschinskaja 2006, 50.

89 Jaroschinskaja 2006, 50; vgl. FR 02.05.1986: Im Hintergrund: Späher beobachten Reaktor.

90 Sun 30.04.1986, URL: https://image.slidesharecdn.com/iconicnewspaperheadline sandmagazinecovers-eoimalagadace-dept-141015035050-conversion-gate02/95/iconic-newspaper-headlines-and-magazine-covers-eoi-malaga-dace-english-dept-5-638.jpg?cb =1413345107; vgl. Plokhy 2018, 181 f.

91 Welt 05.05.1986: Gorbatschow in einer Schwächephase.

92 SBZ 06.06.1986: Jetzt schon 26. Tschernobyl-Opfer; Spiegel 30/1986: Tschernobyl: Geheime Grabkammer, 84; vgl. Marples 1986, 134.

93 Plokhy 2018, 181; SBZ 01./02.05. 1986: Bereits zweiter Reaktor geschmolzen? Katastrophe von Tschernobyl droht sich auszuweiten; SBZ 03./04./05.1986: Der Kreml beschränkt sich auf beiläufige Erklärungen; vgl. https://www.upi.com/Archives/1986/04/30/A-second-meltdown-apparently-has-occurred-at-the-crippled/6220515217600/.

94 Plokhy 2018, 182; Prawda 09.05.1986: Bumerang, URL: https://oleg-leusenko.live journal.com/2961899.html; vgl. Mez 1986, 20 f.; FR 03.05.1986: Wo der Wind weht.

95 SBZ 03./04.05.1986: Kreml-Dialektik für amerikanische Abgeordnete.

96 SBZ 26.05.1986: Gorbatschow übt Kritik an Sowjet-Botschafter; vgl. Josephson 2000, 254.

97 SBZ 22.05.1986: Tschernobyl: Evakuierte dürfen dieses Jahr nicht mehr zurück.

98 SBZ 15.05.1986: Sowjets verlängern Atomtest-Stopp; vgl. https://www.swr.de/swr2/ wissen/archivradio/archivradio-tschernobyl-gorbatschow/-/id=2847740/did=7869006 /nid=2847740/uxtxmc/index.html

99 Plokhy 255–269; Puchner 1998, 61–66; Interview Brjuchanow 2006.

100 Karisch 1996, 32; Josephson 2000, 260.

101 Plokhy. 264–266.

102 Puchner 1998, 66 und 77. Der Unfallbericht vom August 1986 findet sich unter https://inis.iaea.org/collection/NCLCollectionStore/_Public/18/001/18001971.pdf und die Version von 1992 unter https://www-pub.iaea.org/MTCD/publications/ PDF/Pub913e_web.pdf.

103 Puchner 1998, 61; Karisch 1996, 32.

104 SBZ 30.09.1986: Engpässe in UdSSR bei Stromversorgung – Appell zum Sparen.

105 Puchner 1998, 59; https://pripyat-city.ru/wp-content/uploads/2010/11/073.pdf; https://pripyat-city.ru/wp-content/uploads/2010/11/079.pdf.

106 Plokhy 2018, 255; Interview Brjuchanow 2006.

107 Schmid 2015, 1–10; Interview Brjuchanow 2010.

108 https://www.spektrum.de/video/urlaubstraum-tschernobyl/1647456.

109 Kröger/Chakraborty 1989, 80; Schmid 2015, 136; zu älteren Einschätzungen: Koepp/Koepp-Schewyrina 1996, 92.

110 Mould 2000, 57 f.; Vgl. http://nukewatchinfo.org/wp-content/uploads/2016/09/ How-much-radiation-was-released-by-Chernobyl-Feb-2015.doc.pdf; https://www. britannica.com/event/Chernobyl-disaster; Caufield 1994, 319; Kröger/Chakra- borty 1989, 78; vgl. Fink 1986, 109; https://www.stuttgarter-nachrichten.de/in halt.atomkatastrophen-was-fukushima-von-tschernobyl-unterscheidet.0aa7d6b1- 98cb-4642-95e7-696c86370f4f.html; Hülsmann 1987, 125; Spiegel 20/1986: Die Sache hat uns kalt erwischt, 25.

111 Kröger/Chakraborty 1989, 78 f.

112 Laufs 2018, 263 f.; https://www.iaea.org/topics/emergency-preparedness-and-res ponse-epr/international-nuclear-radiological-event-scale-ines.

113 https://www.bfs.de/DE/themen/ion/notfallschutz/notfall/fukushima/unfall.html.

114 Laufs 2018, 148; Plokhy 2018, 339.

115 Brüggemeier 1998, 17; Arndt 2011, 53; https://www.bmu.de/themen/atomenergie- strahlenschutz/nukleare-sicherheit/tschernoyl-und-die-folgen/#c22939

116 GRS 1987, 25; »Tagesschau« vom 29. April 1986.

2 »Eine Gefährdung der Bevölkerung in der Bundesrepublik ist absolut auszuschließen«

1 SBZ 30.04.1986: Da muß sich Furchtbares ereignet haben; FR 30.04.1986: Hilfesuchend liefen Sowjets durch Bonn; AAPD 1986, 662 Nr. 127; »Tagesthemen« vom 29. April 1986.

2 FR vom 30.04.1986: Sowjets bitten Bonn inoffiziell um Hilfe; AAPD 1986, 663 Nr. 127.

3 StZ 30.04.1986: Kohl bietet Unterstützung an; Arndt 2011, 55 f.

4 AAPD 1986 Nr. 127, 662; vgl. Neue Westfälische 29.04.1986: Schweres Unglück in Sowjetischem Atomkraftwerk. Bonn: Keine Gefahr für die Bundesrepublik; Siegener Zeitung 29.04.1986: Reaktorunglück in der UdSSR, URL: https://www.me diummagazin.de/1986-2011-die-katastrophen-in-tschernobyl-und-japan-im-spiegel-der-tagespresse/.

5 »Tagesschau« vom 29. April 1986.

6 »Tagesthemen« vom 30. April 1986.

7 Westdeutsche Zeitung, Südwest Presse, Wiesbadener Kurier, alle 30.04.1986.

8 Wille 1996, 71; Zeit Online vom 22.04.2016: Tschernobyl. Die Wolke, URL: https://www.zeit.de/wissen/umwelt/2016-04/tschernobyl-gau-wolke-1986-deutschland; Kafka u. a. 1986, 24.

9 FR 05.05.1986: Dosierte Information.

10 Koelzer 2017, 22.

11 »30 Jahre Tschernobyl: Wie belastet sind bayerische Lebensmittel?« Faszination Wissen. Doku BR vom 19.04.2016.

12 Darmstädter Echo 30.04./01.05.1986: Run auf Jodtabletten in Dänemark; FR 03.05.1986: Apotheken: Nachfrage nach Jod-Tabletten stieg.

13 Traube 1986, 130; https://www.op-marburg.de/Landkreis/Tschernobyl-hat-Folgen-fuer-Marburg; https://www.nw.de/lokal/kreis_herford/herford/22443178_33-Jahre-nach-Tschernobyl-Als-die-Giftwolke-nach-Herford-kam.html.

14 FR 03.05.1986: Vergiftung durch Jodtabletten; Welt 03./04.05.1986: Empfehlung aus Bonn: Milch erst nach Kontrolle verkaufen.

15 https://www.mittelbayerische.de/region/regensburg-stadt-nachrichten/beim-fallout-war-regensburg-spitze-21179-art1371221.html.

16 Welt 05.05.1986: »Rhein in Flammen« lockte Hunderttausende Zuschauer an – Feuerzauber von Linz bis Bonn.

17 http://www.general-anzeiger-bonn.de/bonn/stadt-bonn/Das-b%C3%B6se-Erwachen-nach-dem-Regen-article3247578.html; taz 06.05.1986: Warten auf den großen Wind.

18 SBZ 17.07.1986: Reaktorkatastrophe: 37 Bürger verklagen Bonn.

19 Traube 1986, 178; taz 05.05.1986: Spieler aktiv, Spielfeld radioaktiv; »Die Sportreportage« (ZDF) vom 04.05.1986; https://www.zeit.de/wissen/umwelt/2016-04/tschernobyl-zeitungen-1986-medien-ddr-brd-atomkraft

20 RPF 09.05.1986: Strahlen-Streik; FR 09.05.1986: Große Verwirrung hält weiterhin an.

21 SBZ 17.05.1986: Auswärtiges Amt rät weiterhin von Reisen in die Ukraine ab; RPF 07.05.1986: Kulissen und Kostüme der Staatsoper Kiew entgiftet; RPF 09.05.1986: Spielplätze nicht radioaktiv verseucht; RPF 10.05.1986: Tschernobyl offiziell kein Gesprächsthema; MM 07/08.05.1986: Begleiter der Staatsoper aus Kiew verstimmt wegen Strahlen-Kontrollen.

22 taz vom 09.05.1986: Mit Schirmen gegen den radioaktiven Regen; taz 22.04.2006: Weine nicht, wenn der Regen kommt; taz 06.05.1986: Keine Demo bei Fallout.

23 https://www.rosenheim24.de/rosenheim/rosenheim-land/tschernobyl-draussen-spie len-verboten-rosenheim24-1217379.html; http://www.stadtarchiv.goettingen.de/ chronik/1986_05.htm

24 Kafka u. a. 1986, 35.

25 Spiegel 20/1986: Die Sache hat uns kalt erwischt, 21; FR 07.05.1986: Katastrophaler Katastrophenplan.

26 https://www.hna.de/kassel/radioaktives-lkw-waschwasser-landete-1986-kassels-klaer anlage-1221084.html; https://www.thw-giessen.de/thw-giessen/chronik/die-80er-jah re/; Schattner 2018, 18–21; Traube 1986, 178.

27 Spiegel 20/1986: Die Sache hat uns kalt erwischt, 23.

28 http://m.buergerblick.de/-a-0000002485.html

29 FR 09.05.1986: Wer einen Geigerzähler kaufen will, muß warten; Spiegel 20/1986: Es herrscht das reine Chaos. Der Run auf Geigerzähler, 26.

30 https://www.heise.de/tp/features/Die-Todeswolke-die-ganz-Europa-verseuchte-34057 63.html, Kafka u. a. 1986, 159; FR 09.05.1986: Schärferer Schutz bei Röntgenfilm-Herstellung.

31 Spiegel 20/1986: Die Sache hat uns kalt erwischt, 24; taz vom 07.05.1986: Schuhe ausziehen und abends duschen.

32 https://www.mittelbayerische.de/region/regensburg-stadt-nachrichten/beim-fallout-war-regensburg-spitze-21179-art1371221.html; https://www.nwzonline.de/oldenburg-kreis/politik/tschernobyl-gau-in-den-koepfen-praesent_a_1,0,2768525484.html.

33 taz vom 13.05.1986: Ganze Kinderläden fliehen.

34 Traube 1986, 180; taz 22.04.2006: Weine nicht, wenn der Regen kommt.

35 http://protest-muenchen.sub-bavaria.de/artikel/3667; SZ 06.06.1986: Nach Flugblattaktion zur Strahlengefahr: Politische Äußerungen – an Schulen unerwünscht?

36 https://www.tagesspiegel.de/berlin/tschernobyl-und-berlin-vor-30-jahren-als-diepgen-demonstrativ-zwei-salatkoepfe-kaufte/13493974.html; taz 27.04.1996: 1986 war ein gutes Pilzjahr.

37 taz 27.04.1996: 1986 war ein gutes Pilzjahr; Spiegel 20/1986: Die Sache hat uns kalt erwischt, 27.

38 https://www.deutschlandfunkkultur.de/die-aufregung-war-gross.1001.de.html?dram:article_id=156030; FR vom 05.05.1986: Gefahr geht jetzt vom Boden aus; https://www.mittelbayerische.de/region/cham/gemeinden/cham/der-tag-als-die-atomwolke-nach-cham-kam-22798-art1370949.html.

39 StZ 07.05.1986: Nur im Spinat tickt das Meßgerät etwas lebhafter; Spiegel 21/1986: Landwirtschaft: Großes Grausen, 29; taz 27.04.1996: 1986 war ein gutes Pilzjahr.

40 https://www.deutschlandfunkkultur.de/die-aufregung-war-gross.1001.de.html? dram:article_id=156030; RNZ 06.05.1986: Verkaufsverbot für Gemüse; SBZ 06.05.1986: Bodenbelastung im Saarland ist unverändert stark; MM 06.05.1986: Hände weg von jungem Freiland-Gemüse; taz 06.05.1986: Strahlenschutz; Spiegel 20/1986: Die Sache hat uns kalt erwischt, 23.

41 FR 07.05.1986: Amerikaner kauften im Großmarkt mit dem Geigerzähler ein.

42 Zeit Online vom 22.04.2016: Tschernobyl. Die Wolke; StZ 07.05.1986: Nur im Spinat tickt das Meßgerät etwas lebhafter; Wille 1996, 71.

43 Arndt 2011, 69;Spiegel 21/1986: Landwirtschaft: Großes Grausen, 32; SBZ 08./ 09.05.1986: Wenn Salate Angst einflößen; MM 14.05.1986: Spargel wartet auf mutige Esser.

44 taz 27.04.1996: 1986 war ein gutes Pilzjahr; Deutscher Bundestag 1986, Plenarprotokoll 10/215, 16547; Arndt 2011, 69; Spiegel 25/1986: Angst vor der Ernte, 59; RPF 17.05.1986: Gemüse bleibt liegen.

45 SBZ 08./09.05.1986: Wenn Salate Angst einflößen; taz 27.04.1996: 1986 war ein gutes Pilzjahr.

46 Spiegel 21/1986: Landwirtschaft: Großes Grausen, 30; https://stadtarchiv.memmin gen.de/fileadmin/Allgemeine_Dateiverwaltung/Webseite_Stadtarchiv/Ausstellungen/ TafelMarktplatz_01.pdf; https://www.swp.de/suedwesten/landkreise/lk-schwaebisch-hall/tschernobyl_-die-verunsicherung-in-hohenlohe-ist-1986-gross-22717693.html; RPF 07.05.1986: Ziegler: Radioaktiv belastetes Gemüse soll auf dem Feld bleiben.

47 Arndt 2011, 69; »Tagesschau« vom 13.05.1986.

48 Zeit 27.02.1987: Wo bleiben die strahlenden Nüsse?, 35 f.

49 https://www.giessener-allgemeine.de/giessen/jahren-tschernobyl-veraenderte-alltag-giessen-12099037.html; Der Tagesspiegel 11.05.1986: Senatsrunde ass Salat.

50 Spiegel 25/1986: Angst vor der Ernte, 59; https://www.augsburger-allgemeine.de/ bayern/Tschernobyl-Als-die-Wolke-nach-Bayern-zog-id14824011.html.

51 RPF 03.05.1986: Warnung vor süddeutscher Milch; Welt 03./04.05.1986: Empfehlung aus Bonn: Milch erst nach Kontrolle verkaufen; Spiegel 20/1986: Die Sache hat uns kalt erwischt, 27.

52 taz 06.05.1986: Bauern sind völlig ratlos.

53 https://www.augsburger-allgemeine.de/bayern/Tschernobyl-Als-die-Wolke-nach-Bay ern-zog-id14824011.html; https://www.rosenheim24.de/rosenheim/rosenheim-land/ tschernobyl-draussen-spielen-verboten-rosenheim24-1217379.html.

54 taz 22. 04.2006: Weine nicht, wenn der Regen kommt; https://www.deutschland funkkultur.de/die-aufregung-war-gross.1001.de.html?dram:article_id=156030; https://www.nw.de/lokal/kreis_herford/herford/22443178_33-Jahre-nach-Tscherno byl-Als-die-Giftwolke-nach-Herford-kam.html; https://www.swp.de/suedwesten/land kreise/lk-schwaebisch-hall/tschernobyl_-die-verunsicherung-in-hohenlohe-ist-1986-gross-22717693.html; https://www.hdg.de/lemo/bestand/360grad/360gradobjekt-milchtuete.html

55 SBZ 09./10.08.1986: Saarland: Hohe Radioaktivitäts-Werte in Dosenmilch.

56 »Tagesschau« vom 08.05.1986.

57 https://www.stuttgarter-nachrichten.de/inhalt.30-jahre-nach-tschernobyl-1-mai-1986-die-radioaktive-wolke-erreicht-stuttgart.55004119-a95e-46a7-a287-6ace4b7792d3.html; https://www.rnz.de/nachrichten/heidelberg_artikel,-Heidelberg-30-Jahre-Tscherno byl-Wie-Heidelberg-1986-auf-die-Reaktor-Katastrophe-reagierte-_arid,187276.html.

58 taz 07.05.1986: Der Bauer trinkt seine Milch nicht mehr.

59 Laufs 2018, 154; taz 03.02.1987: Anschlag auf den Molkezug.

60 »30 Jahre nach Tschernobyl: Die Irrwege der verstrahlten Molke.« Unser Land, BR Sendung vom 29.04.2016; https://www.nordbayern.de/totaler-wahnsinn-zeitzeuge-erinnert-an-tschernobyl-1.1179812

61 https://www.spiegel.de/einestages/tschernobyl-die-reise-des-verstrahlten-molkepulvers-a-1089233.html; Laufs 2018, 155; »30 Jahre nach Tschernobyl: Die Irrwege der ver-strahlten Molke.« Unser Land, BR Fernsehen, BR Sendung vom 29.04.2016.

62 Diehl 2003, 147.

63 RPF 06.05.1986: Töpfer: Keine verwirrenden Informationen; Diehl 2003, 147–149; Arndt 2011, 60.

64 Arndt 2011, 64 f.; taz 23.04.1996: Der GAU kann kommen.

65 »Tagesschau« vom 05.05.1986; taz vom 06.05.1986: Cäsium-Werte stark erhöht. Hessen hat sich aus dem »skandalösen Grenzwertekonzept« der Bundesregierung ausgeklinkt.

66 Arndt 2011, 65; »Tagesschau« vom 04.05.1986; Spiegel 20/1986: Die Sache hat uns kalt erwischt, 20–23; FR 07.05.1986: Wirrwarr in den Ämtern macht Angst; https://www.fr.de/panorama/strahlende-vergangenheit-11394304.html

67 Kohl 2014, 415; Spiegel 20/1986: Die Sache hat uns kalt erwischt 21.

68 www.europa.clio-online.de/essay/id/fdae-1633>.

69 Bote vom Untersee 16.05.1986: Mangel in der Information; FN 31.05.1986: Harte Kritik an »behördlicher Sorglosigkeit«.

70 Welt 07./08.5.1986: Süssmuth warnt Länder vor Wettlauf um niedrigste Stahlen-schutzwerte; Kabinettsprotokoll 07.05.1986; RPF 14.05.1986: Grenzwert-Wirrwarr soll abgebaut werden.

71 U. a. in Welt 12.06.1986: Die Elektrizitätswirtschaft informiert. Die Bundesärzte-kammer zu Tschernobyl; vgl. Vester 1986, 132–138.

72 Vgl. Dersee 2003, 22; Vester 1986, 139–141.

73 Vester 1986, 132–135.

74 SBZ 26.05.1986: Demonstrationen gegen Kernkraft; SBZ 21.05.1986: Kernkraft-Ir-ritationen als Konjunktur-Bremse?.

75 Deutscher Bundestag 1979, Plenarprotokoll 8/191, 15119; Jung 1994, 132.

76 Radkau/Hahn 2013, 353–364.

77 https://www.deutschlandfunk.de/maulkorb-fuer-hildebrandt.871.de.html?dram:ar ticle_id=125518; Spiegel 22/1986: Heiße Ware, 208 f.

78 Ein Ausschnitt aus der Kabarettsendung mit dem betreffenden Sketch ist auf https://www.youtube.com/watch?v=L1gjGbTnxQ4 zu sehen.

79 SBZ 24./25.05.1986: Bayerischer Rundfunk setzte »Scheibenwischer« ab. Protest mit Fackel und Transparent; https://www.deutschlandfunk.de/maulkorb-fuer-hilde brandt.871.de.html?dram:article_id=125518

80 SBZ 04.06.1986: Ein Akt publizistischer Selbstkastration; SBZ 27.06.1986: Polit-Magazine müssen doch nicht weichen.

81 Jung 1994, 125; SBZ 17.10.1986: Vom sozialverträglichen Reaktor.

82 https://www.itsnicethat.com/features/anne-lund-the-smiling-sun-graphic-design-in ternationalwomensday-080318; Spiegel 36/1977: Atomprotest mit starkem Umsatz, 184.

83 Arndt 2011, 5.

84 taz 09.05.1986: Gemüse vor AKW Stade und Demo in Frankfurt; SBZ 21./ 22.06.1986: Demonstration vor Kohls Haus verboten.

85 https://www.badische-zeitung.de/wie-die-tschernobyl-katastrophe-in-freiburg-ankam; taz 16.05.1986: Die Uni lebt – wie in bewegten alten Zeiten.

86 taz vom 13.05.1986: Ganze Kinderläden fliehen; Arndt 2011, 77; taz vom 14.05.1986: Tschernobyl in Nürnberg.

87 SBZ vom 26.05.1986: Demonstrationen gegen Kernkraft; Arndt 2011, 76; taz vom 10.05.1986: Hessisches Umweltministerium kurzfristig besetzt.

88 taz vom 07.05.1986: »Schließlich ißt ja keiner ein Kilo Schnittlauch« und taz vom 09.05.1986: Strahlendes Gemüse für Riesenhuber.

89 UiD 15/86 vom 09.05.1986, 12.

90 Spiegel 30/1986: Wenn der erste auf Demonstranten schießt, 37; https://www.ndr. de/geschichte/chronologie/1986-Hamburger-Polizei-kesselt-Atomkraftgegner-ein, hamburgerkessel100.html.

91 Laufs 2018, 153; SBZ 30.09.1986: Anschläge nehmen deutlich zu.

92 Spiegel 30/1986: Wenn der erste auf Demonstranten schießt, 27 und 47; Welt 21.05.1986: Brutalster Angriff auf die Polizei; Spiegel 31/1986: Als gäb's nur Ver-brecher und Terroristen, 68.

93 Spiegel 30/1986: Wenn der erste auf Demonstranten schießt, 26 u. 27.

94 Spiegel 31/1986: Als gäb's nur Verbrecher und Terroristen, 75 u. 68.

95 taz vom 23.05.1986: Offiziellen glaubt man nicht; Spiegel 29/1986: Neue Mehrheit für den Ausstieg, 28–32, vgl. Arndt 2011, 72 f.

96 Deutscher Bundestag 1986, Plenarprotokoll 10/215, 16522 f.

97 Deutscher Bundestag 1986, Plenarprotokoll 10/215, 16525.

98 Kohl sprach versehentlich von sechs Punkten, führte dann aber nur fünf an; Deut-scher Bundestag 1986, Plenarprotokoll 10/215, 16526.

99 Deutscher Bundestag 1986, Plenarprotokoll 10/215, 16559 f.

100 Deutscher Bundestag 1986, Plenarprotokoll 10/215, 16528–16533.

101 Deutscher Bundestag 1986, Plenarprotokoll 10/215, 16541.

102 Deutscher Bundestag 1986, Plenarprotokoll 10/215, 16547 f.

103 Hulpke u. a. 2000, 681 f.; Hellauer 1931, 79.

104 Laufs 2018, 672–683.

105 Jung 1994, 74 f. und 131.

106 Welt 15.05.1986: In der Atomdebatte spricht Jacoby Lafontaine die Meinungs-führerschaft ab und Dohnanyi gegen übereilten Ausstieg.

107 Bayerischer Landtag 1996, 281.

108 Bayerischer Landtag 1996, 284.

109 Bayerischer Landtag 1996, 285 f.; vgl. Aulbach 2006, 137.
110 Bayerischer Landtag 1996, 286.
111 taz 03.05.1986: Mies strahlt trotz sowjetischem Fallout; »Tagesthemen« vom 02.05.1986.
112 SBZ 13.05.1986: Kernenergie in Union nicht unumstritten; Wille 1996, 81; Spiegel 32/1986: Angst vor dem politischen Super-GAU, 73.
113 Kafka u. a. 1986, 81; Kohl 2014, 411 f. und 440; vgl. AAPD 1986, 743 Nr. 143.
114 Welt 21.05.1986: Geißler kündigt Offensive gegen »SPD-Angsttaktik« an; Welt 13.05.1986: Biedenkopf für »langfristigen Ausstieg«; Kohl 2014, 414.
115 taz vom 29.05.1986: Wahlkampf angesichts der Nuklear-Katastrophe.
116 SBZ 22.05.1986: Tschernobyl ist nicht überall und SBZ 26.05.1986: Demonstrationen gegen Kernkraft; vgl. Medwedew 1989, 37.
117 SBZ 30.06.1986: Weizsäcker lobt die Diskussion über die Folgen von Tschernobyl; SBZ 28.06.1986: CSU: Bei Kernenergieausstieg keine Chance für neue Sozialpolitik; Spiegel 41/1986: Der Fortschritt spricht bayrisch, 45.
118 https://www.abendzeitung-muenchen.de/inhalt.az-serie-zum-100-geburtstag-franz-josef-strauss-es-lebe-die-radioaktivitaet.c3f99ddf-bb98-445e-bca6-cbfbdf8e2f7c.html; SBZ 20.06.1986: Wackersdorf wird kein Waterloo; SBZ 05.05.1986: Das System anklagen – nicht die Technik.
119 Keupp 1986, 201; https://www.abendzeitung-muenchen.de/inhalt.az-serie-zum-100-geburtstag-franz-josef-strauss-es-lebe-die-radioaktivitaet.c3f99ddf-bb98-445e-bca6-cb fbdf8e2f7c.html.
120 Radkau/Hahn 2013, 341; SBZ 13.05.1986: Kernenergie in Union nicht unumstritten.
121 Kohl 2014, 425 und 442; Welt 22.05.1986: Es geht weiter, weil wir dazu verpflichtet sind; AAPD 1986 Nr. 143, 742 f.
122 SBZ 06./07.09.1986: Koalitionsstreit über Gutachten u. Wenn der Bundeskanzler Köpfe wäscht.
123 Kafka u. a. 1986, 57; Welt 23.05.1986: Kernenergie zwingt FDP-Führung in Hannover zum schnellen Brüten.
124 taz 26.05.1986: FDP wirbelt ums Atom; SBZ 26.05.1986: FDP will atomares Entsorgungskonzept prüfen; FN 26.05.1986: Liberaler Parteitag sorgt für Zündstoff in Bonn.
125 Welt 25.08.1986: Ausstieg aus der Kernenergie auch mittelfristig nicht zu verantworten.
126 FR 25.06.1986: Studie: Ausstieg aus Atomenergie ist möglich.
127 Hauff 1996, 83; SBZ 28.08.1986: Offen bleibt letztlich die Frage nach dem »Wie«; Energiepolitik ohne Atomkraft; Tschernobyl liegt nicht nur nicht in der Bundesrepublik, sondern auch nicht in Frankreich.
128 SBZ 22.05.1986: Lafontaine bei Gromyko. Übereinstimmung in Erwartung für Vereinbarungen zur Kernenergie.
129 FR 25.04.1986: Produktions- und Lebensverhältnisse müssen demokratischer werden; Deutscher Bundestag 1986, Plenarprotokoll 10/215, 16539; Spiegel 30/1986: Wenn der erste auf Demonstranten schießt, 36.

130 SBZ 26.05.1986: Demonstrationen gegen Kernkraft; SBZ 15.09.1986: Höffner für Kernenergie-Ausstieg.

131 Ehrhardt 2017, 251 f.; Welt 12./13.07.1986: Betriebsräte stellen sich gegen Energiekurs des DGB; SBZ vom 28.08.1986: Offen bleibt letztlich die Frage nach dem »Wie«.

132 Meyer-Abich 1986, 15 f.; RNZ 22.05.1986: Weizsäcker für Denkpause bei Kernenergie; FN 10.05.1986: Der tragische Fehlschluss.

133 AAPD 1986, Nr. 138, 721–723; SBZ 07./08.06.1986: Gorbatschow antwortet positiv auf Kohls Konferenz-Vorschlag.

134 Laufs 2018, 156.

135 AAPD 1986, 856–585 Nr. 165; Deutscher Bundestag 1986, Drucksache 10/6442, 9 f.

136 Gadsden Times 06.10.1986: Soviet Submarine sinks, URL: https://nsarchive.gwu. edu/briefing-book/environmental-diplomacy-nuclear-vault-russia-programs/2016-10-07/soviet-nuclear; https://www-pub.iaea.org/MTCD/publications/PDF/te_1242_prn. pdf.

137 RPF 17.05.1986: Weitere Kernkraftopfer; SBZ 21.08.1986: Wallmann: Erster wichtiger Erfolg; FN 17.05.1986: Kompensation nach Tschernobyl-Unfall?; taz 17.01.1987: Kein Regreß für Tschernobyl.

138 SBZ 05.05.1986: Radioaktivität in der Luft nahm ab, aber höhere Bodenwerte; Welt 16.05.1986: Bonn soll Sowjetunion zu Schadensersatz zwingen.

139 RNZ 16.05.1986: Die Russen haben einen guten Zeugen: Minister Zimmermann; FR 16.05.1986: Zimmermann als Kronzeuge.

140 SBZ vom 17./18.05.1986: Minister Zimmermann empört über sowjetischen Botschafter; RNZ vom 16.05.1986: Die Russen haben einen guten Zeugen: Minister Zimmermann.

141 SBZ vom 21.05.1986: Bangemann weist Kreml-Reaktionen als unangemessen zurück; RNZ 21.05.1986: Moskauer Reaktion unangemessen; Welt 22.05.1986: Kohl beschwert sich bei Kwizinzkij.

142 Welt vom 25.09.1986: Moskau lehnt Schadensersatz ab; Deutscher Bundestag 1986, Drucksache 10/6442, 8 f.

143 RNZ vom 16.05.1986: Wer soll das bezahlen?

144 SBZ 16.05.1986: Teileinigung über Entschädigung für Bauern; Deutscher Bundestag 1986, Drucksache 10/6442, 8.

145 SBZ 22.05.1986: 200 Millionen DM für durch Tschernobyl geschädigte Bauern; Deutscher Bundestag 1986, Drucksache 10/6442, 8; SBZ 10.12.1986: Radioaktiver Abfall mit den Händen entfernt; Deutscher Bundestag 1987, Drucksache 11/139, 16.

146 SBZ 13.05.1986: Kernenergie in Union nicht unumstritten; Welt 12.05.1986: Aus der Saar-CDU Spitze gegen Zimmermann; Welt 15.05.1986: Kohl: Wir bieten unser Wissen über Atomsicherheit weltweit an.

147 RNZ 12.05.1986: Neuer Umweltminister gefragt; Welt 12.05.1986: Sowjets gestehen Fehler ein.

148 SBZ 04.06.1986: Kohl ruft Wallmann als Umweltminister nach Bonn; Böcher/ Töller 2012, 31; Laufs 2018, 158.

149 FAZ 30.05.1986: Hessens CDU-Führung billigt Wallmanns Weggang; SBZ
    04.06.1986: Kohl ruft Wallmann als Umweltminister nach Bonn.
150 SBZ 05.06.1986: Wallmann ab morgen im Amt.
151 SBZ 17.10.1986: Vom sozialverträglichen Reaktor; Welt 28.06.1986: Wallmann
    wartet auf Kreml-Bericht; SBZ 28./29.06.1986: Reaktorunglück: Bonn will ein-
    heitliche Vorsorge sicherstellen.
152 Laufs 2018, 158.
153 Bundesgesetzblatt Nr. 69 vom 30.12.1986, 2611–2614.
154 Böcher/Töller 2012, 31.
155 RNZ 16.06.1986: Albrecht regiert mit FDP weiter.
156 Kafka u. a. 1986, 76.
157 SBZ 22.05.1986: Tschernobyl: Evakuierte dürfen dieses Jahr nicht mehr zurück;
    taz 31.05.1986: Fußball als Strahlentherapie; Lehmler/Schmitz-Veltin 1986, 62.

3 »Stabilisierung auf einem niedrigen Niveau« – die DDR und der Atomunfall von Tschernobyl

1 https://www.mdr.de/zeitreise/stoebern/damals/artikel74066.html
2 ND 29.04.1986: Havarie in ukrainischem Atomkraftwerk; Leipziger Volksstimme
  29.04.1986: Havarie in Kernkraftwerk«; Dresdner Neueste Nachrichten 30.04.1986:
  Havarie in Kernkraftwerk, URL: https://www.mediummagazin.de/1986-2011-die-ka
  tastrophen-in-tschernobyl-und-japan-im-spiegel-der-tagespresse/.
3 https://www.mdr.de/zeitreise/stoebern/damals/artikel74066.html.
4 https://www.mdr.de/zeitreise/stoebern/damals/artikel74066.html; Junge Welt 02.05.
  1986: Westliche Panikmache soll von Friedensinitiativen ablenken, URL: https://
  www.jugendopposition.de/150552?gallery=145322&transcription=1; Arndt 2011, 92 f.
5 Junge Welt 02.05.1986: Westliche Panikmache soll von Friedensinitiativen ablenken,
  URL: https://www.jugendopposition.de/150552?gallery=145322&transcription=1;
  vgl. Pflugbeil 2003, 24 f.
6 SBZ 05.05.1986: Das System anklagen – nicht die Technik; Arndt 2011, 93 f.
7 ND 02.05.1986: Sicherheit – oberstes Prinzip bei der friedlichen Nutzung des
  Atoms zum Wohle der Menschheit; de Nève 1995, 37 f. und 111–114.
8 Arndt 2011, 91; vgl. FR 03.05.1986: Wo der Wind weht; vgl. de Nève 1995, 35.
9 Pflugbeil 2003, 25; vgl. Prawda 04.05.1986: Userdie ne po pazymy, URL: https://
  oleg-leusenko.livejournal.com/2961899.html u. ND 05.05.196: Zu westlicher Kampagne über die Havarie in Tschernobyl; Arndt 2011, 95; SBZ 14.05.1986: Auf einem
  anderen Stern.

10 ND, Berliner Zeitung und Ostsee-Zeitung vom 30. 04.1986; SBZ 14.05.1986: Auf einem anderen Stern.

11 BStU 2016, 8 f.; Arndt 2011, 82; de Nève 1995, 12 f.

12 Jaroschinskaja 2006, 50 f.

13 de Nève 1995, 57 f.; vgl. SBZ 22.05.1986: Tschernobyl: Evakuierte dürfen dieses Jahr nicht mehr zurück.

14 SBZ 01.07.1986: Gorbatschow verschärft Ton gegenüber USA.

15 de Nève 1995, 100–105.

16 Yáñez/Grimm 2018, 90 und 106; ND 25.06.1986: Interview Erich Honeckers für »Dagens Nyheter«.

17 Pflugbeil 2003, 25f; de Nève 1995, 4.

18 https://www.stasi-mediathek.de/geschichten/unter-kontrolle-halten/sheet/3-1/type/coherentEra/.

19 de Nève 1995, 35; Arndt 2011, 94 f.

20 BStU 2016, 19; Pflugbeil 2003, 27 f.; Medwedew 1989, 223.

21 de Nève 1995, 13; BStU 2016, 8 und 12–15.

22 BStU 2016, 21–25.

23 Stude 2016, 82.

24 BStU 2016, 8.

25 BStU 2016, 17; Stude 2016, 179; Arndt 2011, 82; Thriene 2003, 44.

26 Vgl. de Nève 1995, 19.

27 https://www.bmu.de/themen/atomenergie-strahlenschutz/nukleare-sicherheit/rechts vorschriften-technische-regeln/grundgesetz-atomgesetz/; Laufs 2018, 158.

28 Müller 2001, 34–38.

29 de Nève 1995, 50; BfS 2016, 39 f.

30 de Nève 1995, 50–52; Pflugbeil 2003, 26; Thriene 2003, 44.

31 ND 08.05.1986: WHO-Direktor: Kein Zwang zu Handlungsempfehlungen und Mitteilung des Staatlichen Amtes für Atomsicherheit und Strahlenschutz.

32 https://www.mdr.de/zeitreise/stoebern/damals/video-128432.html

33 ND 03.05.1986: Stabilisierung auf einem niedrigeren Niveau u. Innenministerium der BRD: Gesundheit der Bevölkerung war zu keiner Zeit gefährdet; Arndt 2011, 94.

34 de Nève 1995, 25 f.; Pflugbeil 2003, 26.

35 Pflugbeil 2003, 26 f.

36 BfS 2016, 40; Thriene 2003, 44; Arndt 2011, 85.

37 https://www.stasi-mediathek.de/medien/bericht-zur-radioaktiven-strahlenbelastung-in-der-ddr-nach-dem-reaktorunglueck-in-tschernobyl/blatt/25/; https://www.stasi-me diathek.de/geschichten/unter-kontrolle-halten/sheet/27-2/type/coherentEra/; taz 26.04.1994: Stabile Lage nach der »Havarie«.

38 https://www.stasi-mediathek.de/geschichten/unter-kontrolle-halten/sheet/27-2/type/coherentEra/; BStU 2016, 38.

39 Arndt 2011, 83–85; BStU 2016, 17 und 46.

40 Stude 2016, 181.

41 ND 25.06.1986: Interview Erich Honeckers für »Dagens Nyheter«.

42 de Nève 1995, 21; Yáñez/Grimm 2018, 90.
43 RNZ 09.05.1986: Brand im Reaktor noch nicht gelöscht; https://www.stasi-media thek.de/geschichten/unter-kontrolle-halten/sheet/28-3/type/coherentEra/.
44 Arndt 2011, 85; Merkel 1996, 120 f.; https://www.volksstimme.de/sachsen-anhalt/20160426/tschernobyl-in-der-ddr-blieben-die-regale-voll.
45 BStU 2016, 27–29 und 47 f.; taz 07.05.1996: Die Strahlung kommt nicht über die Mauer.
46 Pflugbeil 2003, 24.
47 BStU 2016, 17 und 27–29; https://www.volksstimme.de/sachsen-anhalt/20160426/tschernobyl-in-der-ddr-blieben-die-regale-voll.
48 BStU 2016, 47 f.
49 https://www.mdr.de/zeitreise/artikel74162.html; taz 26.04.1994: Stabile Lage nach der »Havarie«.
50 BStU 2016, 51; Stude 2016, 188; https://www.volksstimme.de/sachsen-anhalt/20160 426/tschernobyl-in-der-ddr-blieben-die-regale-voll.
51 Stude 2016, 187; Thriene 2003, 48; BStU 2016, 51.
52 BStU 2016, 36 f.; vgl. FR 09.05.1986: Schärferer Schutz bei Röntgenfilm-Herstellung.
53 https://www.volksstimme.de/nachrichten/lokal/schoenebeck/290539_Die-Messergeb nisse-waren-ein-Schock.html.
54 BStU 2016, 31–35.
55 BStU 2016, 31–35.
56 https://www.mopo.de/donnerstag-26-04-2001–09-10-nach-tschernobyl–ddr—buerger-sollten-gemuese-zwei-mal-waschen-19809420.
57 https://www.hna.de/politik/buersten-gegen-strahlenstaub-1170714.html; Spiegel 32/1986: Kernenergie. Ganz oben ansetzen, 56.
58 Pflugbeil 2003, 27.
59 ND 07.05.1986: 39. Internationale Friedensfahrt wurde in Kiew feierlich eröffnet; FR 03.05.1986: Unkalkulierbares Risiko.
60 RPF 02.05.1986: Zwei steigen aus; https://www.welt.de/sport/article13250202/Wie-DDR-Stars-den-Tschernobyl-GAU-verharmlosten.html.
61 StZ 07.05.1986: Keine Klassenfahrten in den Ostblock; ND 08.05.1986: Grober Eingriff in den Reiseverkehr zwischen BRD und DDR.
62 https://www.volksstimme.de/sachsen-anhalt/20160426/tschernobyl-in-der-ddr-blieben-die-regale-voll; Arndt 2011, 87.
63 BStU 2016, 53 und 58; Stude 2016, 188.
64 BStU 2016, 54–58.
65 taz vom 17.05.1986: Dokumentation: »Atomenergie nicht mehr Verantwortbar«.
66 WB 21.06.1986: Kernenergie in der DDR. Massive Proteste; SBZ 21./22.06.1986: DDR-Bürger fordern Volksabstimmung über Kernenergie; Arndt 2011, 101 f.; BStU 2016, 54–62; https://www.stasi-mediathek.de/geschichten/unter-kontrolle-halten/sheet/69-3/type/coherentEra/; https://www.stasi-mediathek.de/geschichten/unter-kontrolle-halten/sheet/61-0/type/coherentEra/.
67 Arndt 2011, 101 f.; Klein 2007, 263 f.

68 Stude 2016, 191.

69 Klein 2007, 155 f., 225–227 und 263.

70 https://soundcloud.com/abl-ev/schwarzer-kanal.

71 https://soundcloud.com/abl-ev/schwarzer-kanal.

72 https://www.spiegel.de/geschichte/ddr-piratensender-schwarzer-kanal-radio-revoluti on-in-ost-berlin-a-963756.html ; Klein 2007, 226 f.

73 Arndt 2011, 103; Klein 2007, 267–271 und 286.

74 Arndt 2011, 106; Beyer 2003, 38.

75 BStU 2016, 64–69; Pflugbeil 2003, 32; Thriene 2003, 47; Beyer 2003, 38.

76 Arndt 2011, 108 f.; https://www.mdr.de/zeitreise/artikel74162.html; ND 14.10.1986: Gespräche über friedliche Nutzung der Kernenergie; vgl. Arndt 2011, 90.

77 ND 25.06.1986: Interview Erich Honeckers für »Dagens Nyheter«; WB 11.06.1986: DDR nach Tschernobyl. Nachdenklich.

78 SBZ 02.07.1986: DDR: Kein Kurswechsel in der Energiepolitik; ND 24.06.1986: Symposium »Umwelt Dresden 1986«.

79 Müller 2001, 71 f.; Welt 16.05.1986: Wünscht »DDR« Absprache über Strahlenschutz?; ND 15.05.1986: Gespräche über Strahlenschutz fortgesetzt.

80 Weidenfeld/Korte 1992, 701 und 726; ND 09.09.1987: Drei Abkommen zwischen den beiden Staaten unterzeichnet.

81 Pflugbeil 2003, 28.

82 de Nève 1995, 21 f. und 59–69.

83 de Nève 1995, 89.

84 de Nève 1995, 94.

85 de Nève 1995, 94.

86 Weber 2012, 103.

87 Müller 2001, 5.

88 Mittag 1986, 55; Reichert 1999, 357.

89 Radkau/Hahn 2013, 314; Müller 2001, 148 f. und 212 f.

90 Spiegel Spezial 2/1990: Zeitbombe Greifswald, 34 und 74–78.

91 https://deutsche-einheit-1990.de/wp-content/uploads/BArch-DA3-93-pag133-134.pdf.

92 Müller 2001,177 und 216.

93 ND 10.04.1990: Tschernobyl-Tag am 26. April; ND 27.04.1990: Blumen zum Gedenken an Tschernobyl.

4   Epilog: Tschernobâle, 1. November 1986

1 Spiegel 42/1986: Rotzandkotz, 276 f.; Deupmann 2013, 281.

2 Welt 18.10.1986: Hurra, endlich alles im Eimer; FAZ 18.10.1986: Eine hypermalade Horrorschau.

3 Thürkauf 1987,169.

4 Müller 1997, 173; Behr 2002, 84 f.; Als die Schweiz den Atem anhielt: Der Brand von Schweizerhalle, Regie: Bellinda Sallin, Schweiz 2011 90 min. Müller 1997, 206.

5 Müller 1997, 211; Spiegel 46/1986: Das Tschernobyl der Wasserwirtschaft, 163; RNZ 03.11.1986: Explosion bei Schweizer Chemiekonzern.

6 TT 03.11.1986: Grossbrand bei Sandoz in Schweizerhalle BL versetzte Bevölkerung in Angst und Schrecken »Giftwolke schadet der Gesundheit nicht« und Giftiges Löschwasser liess Fische in Basel zu Tausenden verenden – Gase »ungiftig«. Grossbrand löste Katastrophenalarm aus.

7 Als die Schweiz den Atem anhielt: Der Brand von Schweizerhalle, Regie: Bellinda Sallin, Schweiz 2011 90 min.

8 Spiegel 46/1986: Das Tschernobyl der Wasserwirtschaft, 163.

9 Forter 2010, 17 f.; RNZ 03.11.1986: Explosion bei Schweizer Chemiekonzern.

10 FN 04.11.1986: Das genaue Ausmass der Rheinverschmutzung ist noch nicht ausgemacht. Trink- und Grundwasser werden überwacht und analysiert; Müller 1997, 85.

11 RNZ 10.11.1986: Jetzt wird auch das Trinkwasser knapp; Behr 2002, 87.

12 FN 03.11.1986: Grossbrand in Sandoz-Lagerhalle – Bevölkerung kam mit dem Schrecken davon – Fischsterben im Rhein. Glimpflich abgelaufener Chemieunfall in der Region Basel; Forter 2010, 25; Behr 2002, 85; RNZ 06.11.1986: Etwa 150 000 tote Aale im Rhein; Bild 08.11.1986: Rheinkatastrophe. Der Tod kommt mit 3,7 km/h.

13 FN 04.11.1986: Das genaue Ausmass der Rheinverschmutzung ist noch nicht ausgemacht. Trink- und Grundwasser werden überwacht und analysiert.

14 WB 05.11.1986: Sandoz bestätigt starke Rheinverschmutzung. Viel Gift ...; Hofmann 2008, 286.

15 Hofmann 2008, 286.

16 Müller 1997, 174.

17 FN 03.11.1986: Grossbrand in Sandoz-Lagerhalle – Bevölkerung kam mit dem Schrecken davon – Fischsterben im Rhein. Glimpflich abgelaufener Chemieunfall in der Region Basel.

18 FN 06.11.1986: Sandoz-Chemieunfall beeinträchtigt Öko-System des Rheins. Etwa 150 000 tote Aale zwischen Basel und Karlsruhe.

19 WB 14.11.1986: Basler Regierung richtet Vorwürfe an Sandoz. Fahrlässig gehandelt!; TT 12.11.1986: Deutsche Grüne präsentieren Risiko-Analyse der Zürich-Versicherung. Kannte Sandoz seit 1981 die Gefahr?; FN 14.11.1986: Sandoz-Konzernleitung hat noch nicht alles im Griff. Noch lagern zentnerweise Insektizide auf der Rheinsohle; FN 22.11.1986: Sicherheitsmassnahmen angeblich nicht vernachlässigt. Sandoz-Präsident bestreitet Vorwürfe; vgl. Behr 2002, 89 f.

20 TT 13.11.1986: Die Annahme, dass Sandoz den Inhalt der »Zürich«-Analyse kannte, ist sehr wahrscheinlich. Strafanzeige gegen Sandoz eingereicht; FN 12.11.1986: EG-Verkehrsminister erörtern Rhein-Verschmutzung. Schweiz gesteht Informationspannen – Sandoz verspricht Entschädigung; Behr 2002, 88.

21 Spiegel 49/1986: Wallmann: Ein Minister wird vorgeführt, 24–31; WB 11.11.1986: Laut Projektleiter kein Anlass auf Kaiseraugst-Verzicht »Im gleichen Boot«; RNZ 24.11.1986: Kette der Chemie-Unfälle reißt nicht ab.

22 RNZ 17.11.1986: Noch immer Gefahr für den Rhein; SBZ 01.12.1986: Parteien einig, Rhein-Verseucher hart bestrafen; Spiegel 49/1986: Wallmann: Ein Minister wird vorgeführt, 24.

23 Welt 26.11.1986: Union: Chemie hat Vertrauen verspielt; Deutscher Bundestag 1986, Plenarprotokoll 10/246, 18992 f.

24 RNZ 20.11.1986: Wallmann für mehr Sicherheit.

25 Behr 2002, 105 f.; taz 20.11.1986: Der Rhein kostet 100 Mio. Franken; FN 13.11.1986: Sandoz-Brand. Minister beschliessen Massnahmen. Keinen Schlussstrich unter Katastrophenfall gezogen.

26 Behr 2002, 111 u. 121.

27 WB 13.11.1986: Sandoz und Schweiz erklären an der Umweltministerkonferenz Bereitschaft zur Entschädigung. Über die Bücher ...; taz vom 14.11.1986: Sandoz verharmlost Brand-Folgen; Behr 2002, 94–99.

28 FN 13.121986: Ärzte-Umfrage nach Chemie-Unfall ausgewertet; Als die Schweiz den Atem anhielt: Der Brand von Schweizerhalle, Regie: Bellinda Sallin, Schweiz 2011 90 min.

29 FN 10.11.1986: Nach dem Basler Chemie-Unfall. Die Forderungen nach mehr Sicherheit häufen sich.

30 taz 10.12.1986: Keine Produkte von Sandoz und Ciba.

31 Behr 2002, 133.

32 http://www.onlinereports.ch/Kultur.111+M5f388c45d11.0.html.

33 FN 03.11.1986: Grossbrand in Sandoz-Lagerhalle – Bevölkerung kam mit dem Schrecken davon – Fischsterben im Rhein. Glimpflich abgelaufener Chemieunfall in der Region Basel.

34 WB 13.11.1986: Angebliche »RAF-Gruppe Schweiz« will Brand gelegt haben. Bekenneranruf; FN 13.11.1986: Sandoz-Brand: Umweltminister beschliessen Massnahmen. Keinen Schlussstrich unter Katastrophenfall gezogen.

35 WB 06.06.1987: Strafuntersuchung gegen Sandoz-Verantwortliche. Jetzt wird ermittelt.

36 Müller 1997, 173, vgl. https://www.tagesanzeiger.ch/schweiz/standard/Schweizerhalle-war-Brandstiftung/story/23254118.

37 FN 06.06.1987: Schweizerhalle. Strafuntersuchungsverfahren eröffnet. Fahrlässiges Palettieren als Brandursache?

38 Behr 2002, 92.

39 Behr 2002, 121; FN 24.06.1986: Sandoz-Brandkatastrophe von Schweizerhalle. Hauptverfahren eingestellt – Busse für Feuerwehr.

40 So Behr 2002, 92; ZDF-History: Neuigkeiten in Sachen Papst-Attentat, ZDF Sendung vom 19.11.2000.; FN 21.11.2000: Sabotagetheorien.

41 https://www.tagesanzeiger.ch/schweiz/standard/Schweizerhalle-war-Brandstiftung/story/23254118.

42 https://www.bazonline.ch/basel/land/neue-spur-zu-schweizerhalle-brand/story/1861
6910.

43 Behr 2002, 93, Anm. 114.

44 SBZ 29.07.1986: Größtes Fischssterben an der Saar; SBZ 31.07.1986: Bergung bei Hitze und Gestank.

45 taz 24.11.1987: Schreibe nie zuviel über tote Fische; taz 27.07.1988: Strafe für Fischsterben-Recherche.

1986 – ein Epochenjahr: Diskussionen bis in die Gegenwart und eine ferne Zukunft

1 https://www.dw.com/de/brumadinho-einen-monat-nach-der-schlammlawine/a-47668
225; http://admiral-nakhimov.net.ru/new/index.php.

2 Puchner 1998, 27 Anm. 64.

3 https://taz.de/Kongress-25-Jahre-Tschernobyl/!5123163/.

4 El Baradei/IAEA 2005, 2; SBZ 27.08.1986: Auch Sowjets befürchten 6 000 Todkranke.

5 https://www.spiegel.de/panorama/zeitgeschichte/tschernobyl-opfer-die-grosse-zahlen
luege-a-410268.html; IPPNW/GfS 2006, 10.

6 Fairlie/Sumner 2006, 6 und 13.

7 Fairlie/Sumner 2006, 73.

8 Beck 1986b, 7; vgl. Deupmann 2013, 244.

9 Brüggemeier 1998, 30.

10 https://nuklearia.de/2017/04/25/tschernobyl-fakes-und-fakten/.

11 Vgl. Buttermann 1987, 7.

12 Metz 2006, 463; Roose 2010, 79–97.

13 Arndt 2011, 130 f.

14 Radkau/Hahn 2013, 349–351.

15 Arndt 2011, 146; Beck 1986a, 653–655.

16 Boschke 1988, 155.

17 Grandazzi 2006, 15.

18 https://www.deutschlandfunkkultur.de/die-ersten-tage-nach-tschernobyl-verharmlo
sung-im-osten.1001.de.html?dram:article_id=352532.

19 Metz 2006, 466.

20 SBZ 31.12.1986: 1986 – Ein Jahr der Ernüchterung.

21 Radkau/Hahn 2013, 340.

22 Hartmann 2003, 14.

Abkürzungsverzeichnis

AAPD – Akten zur Auswärtigen Politik der Bundesrepublik Deutschland
AKW – Atomkraftwerk
BfS – Bundesamt für Strahlenschutz
CDU – Christlich Demokratische Union Deutschlands
DDR – Deutsche Demokratische Republik
DKP – Deutsche Kommunistische Partei
EWG – Europäische Wirtschaftsgemeinschaft
FAZ – Frankfurter Allgemeine Zeitung
FDP – Freie Demokratische Partei
FN – Freiburger Nachrichten (Schweiz)
FR – Frankfurter Rundschau
KKW – Kernkraftwerk
KPdSU – Kommunistische Partei der Sowjetunion
MM – Mannheimer Morgen
MW – Megawatt
ND – Neues Deutschland
RBMK – Reaktor Bolschoi Moschtschnosti Kanalny
RPF– Die Rheinpfalz
RNZ – Rhein-Neckar-Zeitung
SAAS – Staatliches Amt für Atomsicherheit
SBZ – Saarbrücker Zeitung
SSK – Strahlenschutzkommission
SED – Sozialistische Einheitspartei Deutschlands
SPD – Sozialdemokratische Partei Deutschlands
StZ – Stuttgarter Zeitung
SZ – Süddeutsche Zeitung
TT –Thuner Tagblatt (Schweiz)

VVER – Vodo Vodjarnoj Energetitscheskij Reaktor
WB – Walliser Bote
UiD – CDU-Informationsdienst Union in Deutschland

Anhang

Quellen- und Literaturverzeichnis

Quellenverzeichnis

Akten zur Auswärtigen Politik der Bundesrepublik Deutschland (2017): 1986, Bd. 1: 1. Januar – 30. Juni 1986. Matthias Peter und Daniela Taschler (Bearb.), Ilse Dorothee Pautsch (Wissen.Leiterin): Berlin. (Zitiert als AAPD).

Bayerischer Landtag, Landtagsamt (1996): Der Bayerische Landtag. Ergänzungsband zur Chronik. Protokolle. Ausgewählt und bearbeitet von Peter Jakob Kock. Würzburg.

Deutscher Bundestag 1979 (Hg.): Stenographischer Bericht 191. Sitzung. Bonn, Dienstag den 11. Dezember 1979, URL: http://dipbt.bundestag.de/doc/btp/08/08191.pdf (Zitiert als Deutscher Bundestag 1979, Plenarprotokoll 8/191).

Deutscher Bundestag 1986 (Hg.): Stenographischer Bericht 215. Sitzung. Bonn, Mittwoch den 14. Mai 1986, URL: http://dip21.bundestag.de/dip21/btp/10/10215.pdf (Zitiert als Deutscher Bundestag 1986, Plenarprotokoll 10/215).

Deutscher Bundestag 1986 (Hg.): Stenographischer Bericht 246. Sitzung. Bonn, Donnerstag, den 13. November 1986, URL: http://dipbt.bundestag.de/doc/btp/10/10246.pdf (Zitiert als Deutscher Bundestag 1986, Plenarprotokoll 10/246)

Deutscher Bundestag 1986 (Hg.): Unterrichtung durch die Bundesregierung. Bericht der Bundesregierung über den Reaktorunfall in Tschernobyl und seine Konsequenzen für die Bundesrepublik Deutschland. Drucksache 10/6442. Bonn 12.11.1986, URL: http://dipbt.bundestag.de/dip21/btd/10/064/1006442.pdf (Zitiert als Deutscher Bundestag 1986, Drucksache 10/6442).

Deutscher Bundestag 1987 (Hg.): Antwort der Bundesregierung auf die große Anfrage der Abgeordneten Dr. Hauff u. a. – Drucksache 11/139 – Tschernobyl und die Folgen. Ein Jahr danach. Bonn 01.09.1987, URL: http://dipbt.bundestag.de/doc/btd/11/007/1100755.pdf (Zitiert als Deutscher Bundestag 1987, Drucksache 11/1).

Mohamed El Baradei/IAEA (2005): The Enduring Lessons of Chernobyl. Conference of the Chernobyl Forum 6th September 2005. Statement by the Director

163

General. Vienna, URL: https://inis.iaea.org/collection/NCLCollectionStore/_Pu
blic/37/009/37009784.pdf?r=1&r=1

Der Bundesbeauftragte für die Unterlagen des Staatssicherheitsdienstes der ehemaligen Deutschen Demokratischen Republik (Hg.) **(2016)**: Tschernobyl. Der Super-GAU und die Stasi. Wissenschaftliche Beratung: Sebastian Stude. Berlin. (Zitiert als BStU), URL: https://www.bstu.de/assets/bstu/de/Publika
tionen/dh_15_tschernobyl_barrierefrei.pdf

Ian Fairlie/David Sumner (2006): »The Other Report on Chernobyl« (TORCH). An Independent Scientific Evaluation of Health and Enviromental Effects 20 years after the Nuclear Disaster Providing Critical Analysis of a Recent Report by the International Atomic Energy Agency (IAEA) and the World Health Organisation (WHO). Berlin, Brussels, Kiev, April 2006, URL: http://
www.chernobylreport.org/torch.pdf

Michail Gorbatschow (1995): Erinnerungen. Berlin.

Michail Gorbatschow (1986): Politischer Bericht des Zentralkomitees der KPdSU an den XXVII. Parteitag. Moskau.

Deutsche Sektion der Internationalen Ärzte für die Verhütung des Atomkrieges, Ärzte in sozialer Verantwortung e. V. (IPPNW)/Gesellschaft für Strahlenschutz e. V. (GfS) (April 2006): Gesundheitliche Folgen von Tschernobyl. 20 Jahre nach der Reaktorkatastrophe. Berlin, URL: https://www.ippnw.
de/commonFiles/pdfs/Atomenergie/Gesundheitliche_Folgen_Tschernobyl.pdf.
(Zitiert als IPPNW/GfS 2006)

International Atomic Energy Agency (Hg.) (1992): INSAG 7 The Chernobyl Accident: Updating of INSAG-1. A Report by the International Nuclear Safety Advisory Group (= Safety Series No. 75-INSAG-7). Vienna, URL: https://www.
pub.iaea.org/MTCD/publications/PDF/Pub913e_web.pdf

Die Kabinettsprotokolle der Bundesregierung (Online-Edition): Protokoll der 124. Kabinettssitzung vom 7. Mai 1986, URL: https://www.bundesarchiv.de/
cocoon/barch/0000/k/k1986k/kap1_1/kap2_15/para3_8.html (Zitiert als Kabinettsprotokoll 07.05.1986).

Protokoll der 128. Kabinettssitzung vom 28. Mai 1986, URL: https://www.bun
desarchiv.de/cocoon/barch/0000/k/k1986k/kap1_1/kap2_19/para3_8.html (Zitiert als Kabinettsprotokoll 28.05.1986).

Helmut Kohl (2014): Berichte zur Lage 1982–1989. Der Kanzler und Parteivorsitzende im Bundesvorstand der CDU Deutschlands (= Forschungen und Quelle zur Zeitgeschichte Bd. 65, bearb. von Günter Buchstab und Hans-Otto Kleinmann). Düsseldorf.

Ministerstvo Energetiki i Elektrifikacii SSSR Glavatomenergo (Hg.) (1978): Tschernobylskaja AES. Pervaja na Ukraine. Kiew, URL: http://pripyat-city.ru/
wp-content/uploads/2010/11/chern_aes.pdf

Nacionalna Akademija Nauk Ukraini (Hg.) (1996): Tschornobilska Tragedija: Dokumenti i Materiali. Kiew, URL: https://pripyat-city.ru/books/242-chernobyl
skaya-tragediya-dokumenty-i-materialy.html.

Günter Mittag (1986): Direktive des XI. Parteitages der SED zum Fünfjahrplan für die Entwicklung der Volkswirtschaft der DDR in den Jahren 1986 bis 1990. Bericht der Kommission an den XI. Parteitag der SED. Berlin [Ost].

Nikolai Iwanowitsch Ryshkow (1986): Über die Hauptrichtungen der wirtschaftlichen und sozialen Entwicklung der UdSSR von 1986 bis 1990 und für die Perspektive bis zum Jahr 2000. Berlin [Ost].

Thomas Schattner (2018): Die Folgen von Tschernobyl 1986 im Schwalm-Eder-Kreis. Eine Dokumentation. Wabern.

USSR State Committee on the Utilization of Atomic Energy (Hg.) (1986): The Accident at the Chernobyl' Nuclear Power Plant and its Consequences. Information compiled for the IAEA Experts' Meeting 25–29 August 1986, Vienna, URL: https://inis.iaea.org/collection/NCLCollectionStore/_Public/18/001/1800 1971.pdf.

Literaturverzeichnis

Melanie Arndt (2011): Tschernobyl. Auswirkungen des Reaktorunfalls auf die Bundesrepublik Deutschland und die DDR. Erfurt.

Melanie Arndt (2019): Tschernobylkinder. Die transnationale Geschichte einer nuklearen Katastrophe. Göttingen.

Jochen Aulbach (2006): Der Sarkophag. Schrotthülle oder Millionengrab? In: Osteuropa 56. Jg./Heft 4, April 2006, S. 131–138.

Ulrich Beck (1986): Der anthropologische Schock. Tschernobyl und die Konturen der Risikogesellschaft. In: Merkur 40/2 (1986), S. 653–663.

Ulrich Beck (1986): Risikogesellschaft. Auf dem Weg in eine andere Moderne. (= edition Suhrkamp Neue Folge Bd. 365). Frankfurt am Main.

Nikolai A. Behr (2002): Die Entwicklung des Rheinschutz-Regimes unter besonderer Berücksichtigung des Sandoz-Unfalls vom 1. November 1986. München.

Falk Beyer (2003): Der Umgang der DDR mit der Atomkraft: Vertuschung und Überwachung von AtomkraftgegnerInnen. In: Falk Beyer/Thomas Hartmann (Hg.): Tschernobyl und die DDR: Fakten und Verschleierungen – Auswirkungen bis heute? Magdeburg, S. 36–41.

Michael Böcher/Annette Elisabeth Töller (2012): Umweltpolitik in Deutschland. Eine politikfeldanalytische Einführung (= Grundwissen Politik 50, begründet von Ulrich von Alemann). Wiesbaden.

Friedrich L. Boschke (1988): Kernenergie. Eine Herausforderung unserer Zeit. Basel u. a.

Franz-Josef Brüggemeier (1998): Tschernobyl, 26. April 1986. Die ökologische Herausforderung (= 20 Tage im 20. Jahrhundert). München.

Bundesamt für Strahlenschutz (BfS) (⁵2016): Der Reaktorunfall 1986 in Tschernobyl. Salzgitter, URL: https://www.bfs.de/SharedDocs/Downloads/BfS/DE/bro schueren/ion/bro-tschernobyl.pdf?__blob=publicationFile&v=13

Götz Buttermann (1987): Radioaktivität und Strahlung. Tschernobyl – Medizin – Technik. Percha.

Michael C. Campbell/Jonathan C. Campbell (2005): Engines of World War III. New York/Lincoln/Shanghai.

Catherine Caufield (1994): Das strahlende Zeitalter. Von der Entdeckung der Röntgenstrahlung bis Tschernobyl. München.

Thomas Dersee (2003): Tschernobyl in Westdeutschland und West-Berlin – zwischen staatlicher Unfähigkeit, Engagement und Hysterie. In: Falk Beyer/Thomas Hartmann (Hg.): Tschernobyl und die DDR: Fakten und Verschleierungen – Auswirkungen bis heute? Magdeburg, S. 20–23.

Christoph Deupmann (2013): Ereignisgeschichten: Zeitgeschichte in literarischen Texten von 1968 bis zum 11. September 2011 (= Formen der Erinnerung Bd. 48), Göttingen.

Johannes Friedrich Diehl (2003): Radioaktivität in Lebensmitteln. Weinheim.

Hendrik Ehrhardt (2017): Stromkonflikte. Selbstverständnis und strategisches Handeln der Stromwirtschaft zwischen Politik, Industrie, Umwelt und Öffentlichkeit (1970–1989) (= Vierteljahresschrift für Sozial- und Wirtschaftsgeschichte – Beihefte, Bd. 240). Stuttgart.

Ulrike Fink (1986): Radioaktivität. Physikalische und biologische Grundlagen. In: Klaus Traube u. a. (Hg.): Nach dem Super-GAU. Tschernobyl und die Konsequenzen. Hamburg, S. 109–124.

Martin Forter (2010): Falsches Spiel. Die Umweltsünden der Basler Chemie vor und nach »Schweizerhalle«. Zürich.

Gesellschaft für Reaktorsicherheit (GRS) mbH (²1987): Neuere Erkenntnisse zum Unfall im Kernkraftwerk Tschernobyl. Köln.

Guillaume Grandazzi (2006): Die Zukunft erinnern. Gedenken an Tschernobyl. In: Osteuropa 56. Jg./Heft 4/April 2006, S. 7–18.

Volker Hauff (1996): Aussteigen ist immer noch richtig. In: Karl-Heinz Karisch/Joachim Wille (Hg.): Der Tschernobyl-Schock. Zehn Jahre nach dem Super-GAU. Frankfurt am Main, S. 83–84.

Josef Hellauer (1931): Kalkulation in Handel und Industrie. Ein Lehrbuch für Hochschulen und für die Praxis. Berlin/Wien.

Adam Higginbotham (2019): Mitternacht in Tschernobyl: Die geheime Geschichte der größten Atomkatastrophe aller Zeiten. Frankfurt am Main.

Thomas Höfer-Bosse/Lutz Mez (1986): Das Atomprogramm der UdSSR. Militärische und zivile Aspekte der sowjetischen Reaktoren. In: Klaus Traube u. a. (Hg.): Nach dem Super-GAU. Tschernobyl und die Konsequenzen. Hamburg, S. 51–70.

Matthias Hofmann (2008): Lernen aus Katastrophen: nach den Unfällen von Harrisburg, Seveso und Sandoz. Berlin.

Heinz Hülsmann (1987): Soziale Verantwortung von Technik und Wissenschaft – heute. Oder: Was können und sollen Techniker/innen und Wissenschaftler/innen angesichts der neuen Technologien und ihrer Auswirkungen verantworten? In: Georg Ahrweiler/Hans Jörg Sandkühler (Hg.): Humanität,

Vernunft und Moral in der Wissenschaft (Dialektik. Beiträge zu Philosophie und Wissenschaften, Bd. 14). Köln, S. 110–129.

Herwig Hulpke/Herbert A. Koch/Reinhard Niessner (Hg.) (^{2}**2000**): Roempp Lexikon Umwelt. Stuttgart/New York.

Alla Jaroschinskaja (2006): Lüge-86. Die geheimen Tschernobyl-Dokumente. In: Osteuropa 56. Jg./Heft 4/April 2006, S. 39–53.

Paul R. Josephson (2000): Red Atom. Russias Nuclear Power Programm from Stalin to Today. Pittsburgh.

Matthias Jung (1994): Öffentlichkeit und Sprachwandel. Zur Geschichte des Diskurses über die Atomenergie. Wiesbaden.

Peter Kafka/Jürgen König/Wolfgang Limmer (1986): Tschernobyl. Die Informationslüge. Anleitung zum Volkszorn. München.

Karl-Heinz Karisch (1996): »Da muß sich Furchtbares ereignet haben«. Protokoll der Atomkatastrophe von Tschernobyl. In: Karl-Heinz Karisch/Joachim Wille (Hg.): Der Tschernobyl-Schock. Zehn Jahre nach dem Super-GAU. Frankfurt am Main, S. 11–38.

Heiner Keupp (1986): Das Ende der »atomaren Gelassenheit?« – Psychische Kosten der Bewältigung des Nicht-Bewältigbaren. In: James Thompson: Nukleare Bedrohung. Psychologische Dimensionen atomarer Katastrophen. München/Weinheim, S. 189–208.

Thomas Klein (2007): »Frieden und Gerechtigkeit!« Die Politisierung der Unabhängigen Friedensbewegung in Ost-Berlin während der 80er-Jahre (= Zeithistorische Studien Bd. 38). Köln, URL: https://zeitgeschichte-digital.de/doks/front door/deliver/index/docId/1024/file/klein_politisierung_friedensbewegung_ost-berlin_2007_de.pdf

Winfried Koelzer (2017): Lexikon zur Kernenergie 2017. Karlsruhe 2017.

Reinhold Koepp/Tatjana Koepp-Schewyrina (1996): Tschernobyl. Katastrophe und Langzeitfolgen. Stuttgart/Leipzig.

Wolfgang Kröger/Sabyasachi Chakraborty (1989): Tschernobyl und weltweite Konsequenzen. Köln.

Paul Laufs (^{2}2018): Reaktorsicherheit für Leistungskraftwerke 1: Die Entwicklung im politischen und technischen Umfeld der Bundesrepublik Deutschland. Berlin.

Wilfried Lehmler/Gerhard Schmitz-Veltin (Bearb.) (1987): Ein Jahr nach Tschernobyl. Physikalische und soziale Aspekte. Eine Ausstellung in der Bibliothek der Universität Konstanz. Konstanz.

Angela Merkel (1996): Die Tschernobyl-Weintrauben. In: Karl-Heinz Karisch/Joachim Wille (Hg.): Der Tschernobyl-Schock. Zehn Jahre nach dem Super-GAU. Frankfurt am Main, S. 120f.

Richard Francis Mould (2000): Chernobyl Record: The Definitive History of the Chernobyl Catastrophe. Bristol/Philadelphia.

Grigori Medwedew (1989): Verbrannte Seelen. Die Katastrophe von Tschernobyl. München/Wien.

Klaus Michael Meyer-Abich/Bertram Schefold ([2]**1986**): Die Grenzen der Atomwirtschaft. Mit einer Einleitung von Carl-Friedrich von Weizsäcker. München.

David R. Marples (1986): Chernobyl and Nuclear Power in the USSR. Edmonton.

Lutz Mez (1986): Der Super-GAU im Atomkraftwerk Tschernobyl. Eine Chronik der Nachrichten, Informationen und Spekulationen. In: Klaus Traube u. a. (Hg.): Nach dem Super-GAU. Tschernobyl und die Konsequenzen. Hamburg, S. 20–31.

Karl H. Metz (2006): Ursprünge der Zukunft. Die Geschichte der Technik in der westlichen Zivilisation. Paderborn u. a.

Ueli Müller u. a. (1997): Katastrophen als Herausforderung für Verwaltung und Politik. Kontinuitäten und Diskontinuitäten (= Schlussbericht im Rahmen des nationalen Forschungsprogrammes »Klimaänderung und Naturkatastrophen in der Schweiz« NFP 31). Zürich.

Wolfgang D. Müller (2001): Geschichte der Kernenergie in der DDR. Kernforschung und Kerntechnik im Schatten des Sozialismus (= Geschichte der Kernenergie in der Bundesrepublik Deutschand, Bd. III). Stuttgart.

Dorothée de Nève (1995): Die Atomkatastrophe von Tschernobyl. Reaktionen in der DDR (= Arbeitspapiere des Forschungsverbundes SED-Staat Nr. 15/1995). Berlin.

Bohdan A. Osadczuk-Korab (1993): Dies Auswirkungen der Tschernobyl-Katastrophe. In: Guido Hausmann/Andreas Kappeler (Hg.): Ukraine. Gegenwart und Geschichte eines neuen Staates (= Nationen und Nationalitäten in Osteuropa, Bd. 1). Baden-Baden, S. 336–349.

Sebastian Pflugbeil (2003): Tschernobyl und die DDR – zwischen staatlicher Leugnung und Bürgerbewegung. In: Falk Beyer/Thomas Hartmann (Hg.): Tschernobyl und die DDR: Fakten und Verschleierungen – Auswirkungen bis heute? Magdeburg, S. 24–35.

Serhii Plokhy (2018): Chernobyl. History of a Tragedy. London.

Maximilian Puchner (1998):‚Černobyl‹. Ein Beitrag zu den Ursachen, Auswirkungen und politischen Implikationen der Reaktorexplosion vom 26. April 1986 (= Osteuropa: Geschichte, Wirtschaft, Politik, Bd. 17). Hamburg.

Joachim Radkau/Lothar Hahn(2013): Aufstieg und Fall der deutschen Atomwirtschaft. München.

Jürgen Rassow (1988): Risiken der Kernenergie. Fakten und Zusammenhänge im Lichte des Tschernobyl-Unfalls. Weinheim.

Mike Reichert (1999): Kernenergiewirtschaft in der DDR: Entwicklungsbedingungen, konzeptioneller Anspruch und Realisierungsgrad (1955–1990). St. Katharinen.

Jochen Roose (2010): Der endlose Streit um die Atomenergie. Konfliktsoziologische Untersuchung einer dauerhaften Auseinandersetzung. In: Peter H. Feindt/Thomas Saretzki (Hg.): Umwelt- und Technikkonflikte. Wiesbaden, S. 79–103.

Sonja D. Schmid (2015): Producing Power. The Pre-Chernobyl History of the Soviet Nuclear Industry. Cambridge (Massachusetts)/London.

Boris A. Semenov (1983): Nuclear Power in the Soviet Union. In: IAEA Bulletin Vol. 25 Nr. 2 (1983), S. 47–59, URL: https://www.iaea.org/sites/default/files/25204744759.pdf

Sebastian Stude (2016): Tschernobyl und die Stasi. In: Deutschlandarchiv 2016, S. 178–194, URL: https://www.bpb.de/geschichte/zeitgeschichte/deutschlandarchiv/225219/tschernobyl-und-die-stasi

Klaus Traube u. a. (Hg.) (1986): Nach dem Super-GAU. Tschernobyl und die Konsequenzen. Hamburg.

Bernd Thriene (2003): Ablauf und Folgen von Tschernobyl im Bezirk Magdeburg. In: Falk Beyer/Thomas Hartmann (Hg.): Tschernobyl und die DDR: Fakten und Verschleierungen – Auswirkungen bis heute? Magdeburg, S. 42–51.

Max Thürkauf (1987): Das Fanal von Tschernobal. Stein am Rhein.

Frederic Vester (1986): Bilanz einer Ver(w)irrung. Informationen, Berichte und Argumente zum Umdenken nach Tschernobyl. München.

Hermann Weber (⁵2012): Die DDR 1945–1990 (= Oldenbourg Grundriss der Geschichte, Bd. 20) München.

Werner Weidenfeld/Karl-Rudolf Korte (Hg.) (1992): Handwörterbuch zur deutschen Einheit. Frankfurt am Main/New York.

Joachim Wille (1996): Becquerellis und katastrophenfeste Menschen. Wie die Deutschen und ihre Nachbarn auf Tschernobyl reagierten. In: Karl-Heinz Karisch/Joachim Wille (Hg.): Der Tschernobyl-Schock. Zehn Jahre nach dem Super-GAU. Frankfurt am Main, S. 66–82.

Roberto Yáñez/Thomas Grimm (2018): Ich war der letzte Bürger der DDR. Mein Leben als Enkel der Honeckers. Berlin.

Filmverzeichnis

30 Jahre nach Tschernobyl: Die Irrwege der verstrahlten Molke. Unser Land BR Fernsehen, BR Sendung vom 29.04.2016, URL: https://www.youtube.com/watch?v=UwIMlSUrEkk.

Als die Schweiz den Atem anhielt: Der Brand von Schweizerhalle, Regie: Bellinda Sallin, Schweiz 2011 90 min. URL: https://www.srf.ch/play/tv/dok-katastrophen/video/als-die-schweiz-den-atem-anhielt-der-brand-von-schweizerhalle?id=b6887074-ad74-4663-849a-0054cbd6434a; https://www.youtube.com/watch?v=2-W79XWtibM.

TSCHERNOBYL 3828. Regie: Serhiy Zabolotny. Ukraine 2011 27 min. URL: https://www.youtube.com/watch?v=zduyeJayD8

Tschernobyl '86: Deutschland und der GAU, Regie: Stefan Ebling, Deutschland 2015. 45 min. URL: https://www.youtube.com/watch?v=lDSpIPz-AvA

ZDF-History: Neuigkeiten in Sachen Papst-Attentat, ZDF Sendung vom 19.11.2000.

Internetressourcen

1986 – 2011: Die Katastrophen in Tschernobyl und Japan im Spiegel der Tagespresse.
https://www.mediummagazin.de/1986-2011-die-katastrophen-in-tschernobyl-und-japan-im-spiegel-der-tagespresse/
20 Jahre nach der Reaktorkatastrophe:«Tschernobyl – wo liegt das eigentlich?«
https://www.sueddeutsche.de/panorama/20-jahre-nach-der-reaktorkatastrophe-tschernobyl-wo-liegt-das-eigentlich-1.680497
26.04.1986 ZDF Heute Journal berichtet erstmals vom Tschernobyl Unglück.
https://www.youtube.com/watch?v=4qVGeWBAmWo
360-Grad-Objekt: Milchtüte.
https://www.hdg.de/lemo/bestand/360grad/360gradobjekt-milchtuete.html.
Andreas Conrad: Als Diepgen demonstrativ zwei Salatköpfe kaufte
https://www.tagesspiegel.de/berlin/tschernobyl-und-berlin-vor-30-jahren-als-die
pgen-demonstrativ-zwei-salatkoepfe-kaufte/13493974.html
Anna Veronika Wendland: Tschernobyl: Fakes und Fakten.
https://nuklearia.de/2017/04/25/tschernobyl-fakes-und-fakten/
Archiv Bürgerbewegung: Schwarzer Kanal Tschernobyl
https://soundcloud.com/abl-ev/schwarzer-kanal
Ascan Dieffenbach: Tschernobyl-GAU in den Köpfen präsent
https://www.nwzonline.de/oldenburg-kreis/politik/tschernobyl-gau-in-den-koep
fen-praesent_a_1,0,2768525484.html
Avarija na Tschernobylskoj AES
https://histrf.ru/lenta-vremeni/event/view/avariia-na-chiernobyl-skoi-aes.
Benedikt von Imhoff: Atomkatastrophen Was Fukushima von Tschernobyl unterscheidet.
https://www.stuttgarter-nachrichten.de/inhalt.atomkatastrophen-was-fukushima-von-tschernobyl-unterscheidet.0aa7d6b1-98cb-4642-95e7-696c86370f4f.html
Burkhard Möller: Vor 25 Jahren: Tschernobyl veränderte den Alltag in Gießen
https://www.giessener-allgemeine.de/giessen/jahren-tschernobyl-veraenderte-all
tag-giessen-12099037.html
Carole Corlew: A second meltdown apparently has occurred at the crippled…
https://www.upi.com/Archives/1986/04/30/A-second-meltdown-apparently-has-occurred-at-the-crippled/6220515217600/
Cem Akalin: Rhein in Flammen : Das böse Erwachen nach dem Regen.
https://www.general-anzeiger-bonn.de/bonn/stadt-bonn/das-boese-erwachen-nach-dem-regen_aid-42841639
Chernobyl 1986.
https://image.slidesharecdn.com/iconicnewspaperheadlinesandmagazinecovers-eoimalagadace-dept-141015035050-conversion-gate02/95/iconic-newspaper-head
lines-and-magazine-covers-eoi-malaga-dace-english-dept-5-638.jpg?cb=1413345107

Chernobyl. How it was: an operator's perspective.
https://www.neimagazine.com/features/featurehow-it-was-an-operator-s-perspec
tive/
Chernobyl. How much radiation was released?
https://nukewatchinfo.org/wp-content/uploads/2016/09/How-much-radiation-
was-released-by-Chernobyl-Feb-2015.doc.pdf
Chernobyl: the true scale of the accident.
https://www.who.int/news-room/detail/05-09-2005-chernobyl-the-true-scale-of-
the-accident
Christian Keller: Neue Spur zu Schweizerhalle-Brand.
https://www.bazonline.ch/basel/land/neue-spur-zu-schweizerhallebrand/story/
18616910
Christopher Kissmann: Heute vor 25 Jahren: Die Messergebnisse waren ein Schock.
https://www.volksstimme.de/nachrichten/lokal/schoenebeck/290539_Die-Mess
ergebnisse-waren-ein-Schock.html.
Chronik für das Jahr 1986
http://www.stadtarchiv.goettingen.de/chronik/1986_05.htm
Chronologie
http://pripyat.com/de/chronology.html
Dagmar Röhrlich: Tschernobyl. Neue Hypothese zur Atomkatastrophe.
https://www.deutschlandfunk.de/tschernobyl-neue-hypothese-zur-atomkatastro
phe.676.de.html?dram:article_id=407320
Dagny Lüdemann u.a.: Tschernobyl 1986. Der Informations-GAU.
https://www.zeit.de/wissen/umwelt/2016-04/tschernobyl-zeitungen-1986-medien-
ddr-brd-atomkraft
Dagny Lüdemann: Tschernobyl. Die Wolke
https://www.zeit.de/wissen/umwelt/2016-04/tschernobyl-gau-wolke-1986-deutsch
land
Daniel Ballmer: »Schweizerhalle war Brandstiftung«.
https://www.tagesanzeiger.ch/schweiz/standard/schweizerhalle-war-brandstif
tung/story/23254118
Der Unfall von Fukushima.
https://www.bfs.de/DE/themen/ion/notfallschutz/notfall/fukushima/unfall.html
Die Aufregung war groß. Tschernobyl – Krisenmanagement und Konsequenzen in
Deutschland.
https://www.deutschlandfunkkultur.de/die-aufregung-war-gross.1001.de.html?
dram:article_id=156030
Dokument Nr. 73.
https://pripyat-city.ru/wp-content/uploads/2010/11/073.pdf
Dokument Nr. 79.
https://pripyat-city.ru/wp-content/uploads/2010/11/079.pdf
Ernst Fischer: Der Tag, als die Atomwolke nach Cham kam.
https://www.mittelbayerische.de/region/cham/gemeinden/cham/der-tag-als-die-
atomwolke-nach-cham-kam-22798-art1370949.html

Ernst T. Mader: Tschernobyl: Als die Wolke nach Bayern zog
https://www.augsburger-allgemeine.de/bayern/Tschernobyl-Als-die-Wolke-nach-Bayern-zog-id14824011.html.

Europa. Ryschkow über Tschernobyl: »Wir wären Idioten gewesen, hätten wir extra noch Panik verbreitet«.
https://deutsch.rt.com/europa/49882-ryschkow-uber-tschernobyl-wir-waren/

Gabi Zimmermann: Materialien 1986. Schüler hauen auf die Pauke.
http://protest-muenchen.sub-bavaria.de/artikel/3667

GAU von Tschernobyl: Mit Bürsten gegen Strahlenstaub.
https://www.hna.de/politik/buersten-gegen-strahlenstaub-1170714.html

Gedenkstättenportal zu Orten der Erinnerung in Europa.
https://www.memorialmuseums.org/denkmaeler/view/1577/Erinnerung-an-die-ermordeten-Juden-von-Tschernobyl.

Georg Sitzlack: Bericht über den Zustand der kerntechnischen Anlagen in der DDR.
https://deutsche-einheit-1990.de/wp-content/uploads/BArch-DA3-93-pag133-134.pdf

Gesellschaft für deutsche Sprache e. V.: Wort des Jahres.
https://gfds.de/aktionen/wort-des-jahres/

Hartmut Goege: Maulkorb für Hildebrand.
https://www.deutschlandfunk.de/maulkorb-fuer-hildebrandt.871.de.html?dram:article_id=125518

Heinz Klein: Rückblick Beim Fallout war Regensburg spitze.
https://www.mittelbayerische.de/region/regensburg-stadt-nachrichten/beim-fallout-war-regensburg-spitze-21179-art1371221.html

International Nuclear and Radiological Event Scale (INES).
https://www.iaea.org/resources/databases/international-nuclear-and-radiological-event-scale

Jens Hungermann: Wie DDR-Stars den Tschernobyl-GAU verharmlosten
https://www.welt.de/sport/article13250202/Wie-DDR-Stars-den-Tschernobyl-GAU-verharmlosten.html

Jens Schmidt: Tschernobyl, In der DDR blieben die Regale voll.
https://www.volksstimme.de/sachsen-anhalt/20160426/tschernobyl-in-der-ddr-blieben-die-regale-voll

Jobst Lüdeking: 33 Jahre nach Tschernobyl: Als die Giftwolke nach Herford kam
https://www.nw.de/lokal/kreis_herford/herford/22443178_33-Jahre-nach-Tschernobyl-Als-die-Giftwolke-nach-Herford-kam.html

Karl Stankiewitz: AZ-Serie zum 100. Geburtstag Franz Josef Strauß: »Es lebe die Radioaktivität«.
https://www.abendzeitung-muenchen.de/inhalt.az-serie-zum-100-geburtstag-franz-josef-strauss-es-lebe-die-radioaktivitaet.c3f99ddf-bb98-445e-bca6-cbfbdf8e2f7c.html

Katastrofa 1986 goda.
http://admiral-nakhimov.net.ru/new/index.php

Kathrin Hartmann: Urlaubsland Bayern. Strahlende Vergangenheit.
https://www.fr.de/panorama/strahlende-vergangenheit-11394304.html

Kathrin Weber: Vor 30 Jahren: Demonstranten stundenlang eingekesselt
https://www.ndr.de/geschichte/chronologie/1986-Hamburger-Polizei-kesselt-Atomkraftgegner-ein,hamburgerkessel100.html

Katrin Jordan, »Die Wolke, die an der Grenze haltmachte«. Der Reaktorunfall von Tschernobyl 1986 im französischen Fernsehen, in: Themenportal Europäische Geschichte, 2014, URL: www.europa.clio-online.de/essay/id/fdae-1633>

Matthias Lauerer/ Jochen Leffers: Tschernobyl und die Folgen Die Reise des verstrahlten Molkepulvers.
https://www.spiegel.de/geschichte/tschernobyl-die-reise-des-verstrahlten-molkepulvers-a-1089233.html

Micha Hörnle: 30 Jahre Tschernobyl: Wie Heidelberg 1986 auf die Reaktor-Katastrophe reagierte
https://www.rnz.de/nachrichten/heidelberg_artikel,-Heidelberg-30-Jahre-Tschernobyl-Wie-Heidelberg-1986-auf-die-Reaktor-Katastrophe-reagierte-_arid,187276.html

Nach Tschernobyl: DDR – Bürger sollten Gemüse zwei Mal waschen.
https://www.mopo.de/donnerstag-26-04-2001–09-10-nach-tschernobyl–ddr—buerger-sollten-gemuese-zwei-mal-waschen-19809420

Nádia Pontes: Brumadinho einen Monat nach der Schlammlawine.
https://www.dw.com/de/brumadinho-einen-monat-nach-der-schlammlawine/a-47668225

Oda Becker: 26 Jahre nach Tschernobyl. Die Lage am Standort – keine Lösung in Sicht.
https://www.greenpeace.de/sites/www.greenpeace.de/files/20120430-was-geschieht-mit-Tschernobyl-26-Jahre-spaeter.pdf

Oleg Leusenko: Kakaja byla »Pravda« v SSSR.
https://oleg-leusenko.livejournal.com/2961899.html

Pascal Bittner: Tschernobyl hat Folgen für Marburg.
https://www.op-marburg.de/Landkreis/Tschernobyl-hat-Folgen-fuer-Marburg

Peter Knechtli: Münster-Kreuzgang soll endgültige Heimat der Eichin-Tische werden.
http://www.onlinereports.ch/Kultur.111+M5f388c45d11.0.html

Peter Wensierski: DDR-Piratensender »Schwarzer Kanal«. Aufstand im Äther.
https://www.spiegel.de/geschichte/ddr-piratensender-schwarzer-kanal-radio-revolution-in-ost-berlin-a-963756.html

Radioaktives Lkw-Waschwasser landete 1986 in Kassels Kläranlage
https://www.hna.de/kassel/radioaktives-lkw-waschwasser-landete-1986-kassels-klaeranlage-1221084.html

Ruby Buddington: I'm not a designer – I was just an activist«: how The Smiling Sun became one of history's most iconic logos.
https://www.itsnicethat.com/features/anne-lund-the-smiling-sun-graphic-design-internationalwomensday-080318

Sandra Andrés: Extremtourismus. Urlaubstraum Tschernobyl
https://www.spektrum.de/video/urlaubstraum-tschernobyl/1647456

Sebastian Unbehauen: Tschernobyl: Die Verunsicherung in Hohenlohe ist 1986 groß
https://www.swp.de/suedwesten/landkreise/lk-schwaebisch-hall/tschernobyl_-die-verunsicherung-in-hohenlohe-ist-1986-gross-22717693.html

Simone Höhl/ Simone Lutz: 25 Jahre. Wie die Tschernobyl-Katastrophe in Freiburg ankam.
https://www.badische-zeitung.de/wie-die-tschernobyl-katastrophe-in-freiburg-ankam

Sondermüll (Der verstrahlte Großvater, 1986)
https://www.youtube.com/watch?v=L1gjGbTnxQ4

Strahlenalarm. Als Tschernobyl nach Passau kam.
https://m.buergerblick.de/-a-0000002485.html

Svetlana Savranskaya: Soviet nuclear submarine carrying nuclear weapons sank north of Bermuda in 1986.
https://nsarchive.gwu.edu/briefing-book/environmental-diplomacy-nuclear-vault-russia-programs/2016-10-07/soviet-nuclear

SWR2 Archivradio: Katastrophe von Tschernobyl 14. Mai 1986: Rede Michail Gorbatschow.
https://www.swr.de/swr2/wissen/archivradio/broadcastcontrib-swr-29702.html

Tagesschau zu Tschernobyl.
https://www.youtube.com/watch?v=Hv9L53DiQTs&feature=related

»Totaler Wahnsinn«: Zeitzeuge erinnert an Tschernobyl
https://www.nordbayern.de/totaler-wahnsinn-zeitzeuge-erinnert-an-tschernobyl-1.1179812

Tschernobyl 1986.
https://stadtarchiv.memmingen.de/fileadmin/Allgemeine_Dateiverwaltung/Webseite_Stadtarchiv/Ausstellungen/TafelMarktplatz_01.pdf

Tschernobyl 1986: Berichterstattung in der DDR.
https://www.mdr.de/zeitreise/stoebern/damals/tschernobyl-radioaktiv-ddr102.html

Tschernobyl und die Folgen.
https://www.bmu.de/themen/atomenergie-strahlenschutz/nukleare-sicherheit/tschernobyl-und-die-folgen/#c22939

Tschernobyl: »Westliche Panikmache«.
https://www.jugendopposition.de/150552?gallery=145322&transcription=1

Tschernobyl: Draußen spielen war verboten
https://www.rosenheim24.de/rosenheim/rosenheim-land/tschernobyl-draussen-spielen-verboten-rosenheim24-1217379.html

Tschernobyl-Opfer Die große Zahlenlüge
https://www.spiegel.de/panorama/zeitgeschichte/tschernobyl-opfer-die-grosse-zahlenluege-a-410268.html

»Unter Kontrolle halten«. Die Stasi und der Super-GAU von Tschernobyl.
https://www.stasi-mediathek.de/geschichten/unter-kontrolle-halten
https://www.stasi-mediathek.de/medien/bericht-zur-radioaktiven-strahlenbelas
tung-in-der-ddr-nach-dem-reaktorunglueck-in-tschernobyl/blatt/25/
https://www.stasi-mediathek.de/geschichten/unter-kontrolle-halten
Vanja Budde: Die ersten Tage nach Tschernobyl. Verharmlosung im Osten, Panik
im Westen.
https://www.deutschlandfunkkultur.de/die-ersten-tage-nach-tschernobyl-verharm
losung-im-osten.1001.de.html?dram:article_id=352532
Verfassung und Gesetze
https://www.bmu.de/themen/atomenergie-strahlenschutz/nukleare-sicherheit/
rechtsvorschriften-technische-regeln/grundgesetz-atomgesetz/
Viktor Markovitsch Dmitriev: Pritschny Tschernobylskoj avarii izvestny.
http://accidont.ru/rotor.html
http://accidont.ru/runtest.html
http://accidont.ru/Prog.html
Wolf-Dieter Roth: Die Todeswolke, die ganz Europa verseuchte.
https://www.heise.de/tp/features/Die-Todeswolke-die-ganz-Europa-verseuchte-
3405763.html
Wolfgang Löhr: Kongress 25 Jahre Tschernobyl: Verdrängt, vertuscht, verharmlost.
https://taz.de/Kongress-25-Jahre-Tschernobyl/!5123163/
Wolfgang Schulz-Braunschmidt: 30 Jahre nach Tschernobyl 1. Mai 1986 – die
radioaktive Wolke erreicht Stuttgart
https://www.stuttgarter-nachrichten.de/inhalt.30-jahre-nach-tschernobyl-1-mai-
1986-die-radioaktive-wolke-erreicht-stuttgart.55004119-a95e-46a7-a287-6ace4b7
792d3.html

Abbildungsnachweis